KB205417

태도, 믿음을 말하다

(주)죠이북스는 그리스도를 대신한 사신으로
문서를 통한 지상 명령 성취와 하나님 나라 확장을 위해 노력합니다.

태도, 믿음을 말하다

태도, 믿음을 말하다

나와 이웃과 하나님을 대하는 바람직한 태도에 관하여

✛✛✛

조명신 지음

죠이북스

읽기 쉬운 책을 읽는다는 것은 부드러운 음식을 먹는다는 의미다. 계속 부드러운 음식만 먹을 수는 없겠지만, 몸에 잘 흡수하기 위해 그 음식을 먹어야 할 때가 있다. 「태도, 믿음을 말하다」를 읽고 있으면 그런 생각이 든다. 이 책을 읽고 나면 건강해지겠구나, 하는. 목차를 보면 읽고 싶은 주제로 가득하다. 꼭 처음부터 읽지 않아도 된다. 궁금한 주제를 찾아 읽으면 된다. 강요하지 않고 조언해 주듯 들려주는 저자의 이야기를 읽다 보니, 늘 나를 위해 기도해 주는 고마운 형이 생각났다. 이 책은 그런 책이다. 내 삶의 태도들을 바르게 잡아 주는 고마운 책. 요즘은 책 한 권 편히 읽기도 힘든 시절을 살고 있는 것 같은데, 독서의 즐거움을 알게 해주는 책을 만난 것 같아서 기쁘다.

　　　　　　　　　　　　　　　○ 고태석 대표(구름이머무는동안 출판사)

그리스도인조차 상처받기 싫어서 서로에게 무관심한 시대다. 이 책은 그럼에도 불구하고 그리스도인다운 태도를 배우며 묵묵히 신앙의 길을 걸어가야 한다고 다독인다. 또한 일상에서 성실하게 차곡차곡 쌓아 올린 시간이 얼마나 소중한지, 태도라는 주제로 새삼 일깨워 준다. 저자는 목회 현장에서는 치열하게 사역하는 목사이며, 가정에서는 아들 셋을 양육하는 아빠다. 바쁜 일상에서 길어 올린 글들을 자분자분 풀어 가는 모습이 인상 깊게 다가오는 이유다. 이 책을 통해 만나는 나와 우리의 이야기가 눈을 뗄 수 없게 할 것이다.

　　　　　　　　　　　　　　　○ 김영실 집사(삼일교회, 네 아이 엄마)

보이지 않는 신앙을, 믿음을 무엇으로 보여 줄 수 있을까? 대표적인 수단이라 할 수 있는 '말'과 '글'은 이상하게도 하면 할수록 위력이 떨어진다. '삶'으로 보여 준다고 하는 말은 꽤 추상적이다. 이 책은 이 질문에 믿음을 보여 주는 것은 '태도'(어떤 일이나 상황 따위를 대하는 마음가짐. 또는 그 마음가짐이 드러난 자세) 라고 말한다. 이 책은 저자가 그런 태도를 가지고 쓴 글이기에 구체적이고 입체적이다. 한 편 한 편 읽을 때마다 심호흡하듯 마음이

단정해진다. 그분을 태도로 증명하고, 살아내고 싶은 그리스도인들에게 꼭 읽어 보길 추천한다.

◦ 김정주 목사(「그래서 기도」 저자)

신앙이 깊어져도, 삶의 적용은 쉽지 않을 때가 많다. 일상에서 믿음대로 사는 것이 무엇인지 각론을 배운 적이 없기 때문이다. 이 책은 그리스도인들의 일상을 매력적으로 변화시키는 '일상 지침서'이다. 쉬워서 좋다. 구체적 사례가 많아서 재미있다. 그것보다 좋았던 것은 삶의 '전 영역'을 건드리며 내 신앙의 편협한 태도를 꼬집는다는 것이다. 나름 목사라서 다 잘하고 있을 줄 알고 읽었다. "합법적 채무 관계" 챕터에서 많이 회개했다. 쉬운 책이라고 무시하지 말라. 이 책을 읽고 삶의 구석구석 찾아오는 부드러운 도전을 받아들일 준비를 하라.

◦ 서창희 목사(한사람교회, 「일상에서 만난 교리」 저자)

꾸준한 글밥과 필력을 보여 주는 조명신 목사의 이번 신간. 역시나 기대를 저버리지 않았다. 이렇게까지 자기 삶의 모든 순간을 곱씹고 되새김질하는 작가가 있을까? 특별히 이 책은 우리 시대의 현대인을 위한, 또한 그중에서도 젊은이들을 위한 잠언이라고 부르는 게 적당해 보인다. 사실 지혜의 전수는 듣고자 하지 않는 이들에게는 반발감만 불러일으킨다. 특히나 삶의 태도를 주제로 하는 내용들이라면 불 보듯 뻔하다. 그리고 우리 시대 사람들은 더욱이 더 듣지 않으려고 하는 것도 분명한 사실이다. 그러나 보다 일상 친화적이면서도 핵심 메시지를 놓치지 않는 이 글들을 마주하다 보면, 누구라도 그 마음에 걸린 빗장을 기꺼이 풀고, 가랑비에 옷 젖듯 몸과 마음가짐을 고쳐먹게 되는 마법이 펼쳐지지 않을까 싶다. 앞으로 기독교 에세이는 이렇게 써야 할 것 같다는 생각이 들 정도로, 따뜻하면서도 묵직한 통찰을 남기는 이 글들을 나만이 아니라 당신도 읽어 보길 긴히 추천한다.

◦ 손성찬 목사(이음숲교회, 「묻다 믿다 하다」 저자)

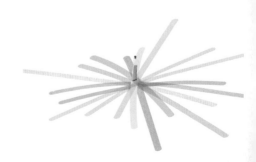

4장
나를 내세우지 않고 섬기는 태도, 겸손

5장
다른 이를 향한 너그러운 태도, 관용

(6장)

마음을 다해 다른 이를 인정하는 태도,
존중

(7장)

주어진 오늘을 음미하는 태도,
감사

프롤로그

예수님을 믿고 따르면서 나이와 성별을 불문하고, 각계각층의 다양한 사람을 만났다. 그중에는 나름 '한 믿음과 한 헌신과 한 기도' 한다고 자부하는 분도 많았다. 그런데 '한 믿음' 한다는 사람이 상처를 더 많이 주었고, '한 헌신' 한다는 사람이 교회를 더 힘들게 했으며, '한 기도' 한다는 사람이 혈기를 더 많이 부리는 걸 보았다. 기이하고 신기한 일이 아닐 수 없었다. 모두 하나님을 향한 열심이 특심한 사람들이었는데 말이다. 하나님 앞에서와 사람 앞에서의 믿음이 따로 작동하는 것처럼 보였다.

'태도'라는 주제로 글을 쓰게 된 것도 순전히 이런 고민 때문이었다. 예수님은 일찍이 하나님 사랑과 이웃 사랑이 본래 하나라는 걸 '선한 사마리아인의 비유'를 통해서 일깨워 주셨다. 사실 이 비유는 하나님을 누구보다 사랑한다고 자부하는 사람이 던진 질문에서 비롯되었다. 비유에 등장하는 제사장과 레위인은 '믿음, 헌신, 기도'에 남다른 자부심을 가진 사람들이다. 하나님 사랑에 있어서 둘째가라면 서러워할 정도였다. 그러나 막상 뚜껑을 열어 보니 하나님 사랑과 이웃 사랑이 별개로 작동하고 있었다. 예수님은 그건 하나님을 진짜 사랑하는 것이 아니라고 말씀하셨다. 신앙과 생활은 '따로'가 아니라 '하나로' 맞물려 있다고, 그것이 진짜 믿음이라고 말씀하신 것이다.

어쩌면 태도도 마찬가지가 아닐까 싶다. 하나님 앞에서는 태도가 좋은데, 사람들 앞에서는 태도가 나쁘다? 과연 그럴 수 있을까? 신앙과 생활이 하나로 작동하는 걸 생각한다면, 그럴 수 없을 것이다. 물론 신앙이 초보일 때는 하나님 앞에서와 사람 앞에서의 모습에 격차가 클 수밖에 없다. 그러나 예수님을 믿고 따르다 보면, 이 둘 사이의 간격이 점차 좁혀지게 마련이다. 성화 과정에서 필연적으로 나타나는 변화이기 때문이다. 그래서 성화 과정에서 가장 큰 변화는 나와 이웃과 하나님을 대하는 태도의 변화일지도 모른다.

그러고 보면, 그리스도인으로서 매력과 호감을 느낀 사람들에게는 한 가지 공통점이 있던 것 같다. 하나같이 좋은 태도를 지녔다는 것. 그들 모두 자신을 건강하게 바라보는 것은 물론 이웃과 하나님 앞에서도 좋은 태도를 지니고 있었다. 바로 이러한 점이 '나도 저런 그리스도인으로 살고 싶다!'라는 매력과 호감을 주었다. 그때 알았다. 좋은 믿음은 좋은 태도라는 그릇에 담긴다는 것을. 또 그것이 영성이라는 것을. 정말 좋은 그리스도인에게는 좋은 태도가 있으며, 본받고 싶은 그리스도인에게는 본받고 싶은 태도가 있다.

'오직 믿음'은 우리를 구원으로 이끈다. 그러나 그리스도인으로 살면서 복음을 전하려면, 믿음에 걸맞은 태도도 갖춰야 한다. 하나님은 우리의 중심과 믿음을 보실 수 있지만, 사람들은 우리의 태도와 자세를 보고 판단하기 때문이다. 사실 사사건건 태도를 문제 삼으면 걸리지 않을 사람이 없다. 물론 나도 여기에서 예외는

태도, 믿음을 말하다

아니다. 이런 이유로 책을 쓰면서 왕왕 누군가가 떠오르기도 했지만, '그런 나는 어떤가' 하고 더 많이 돌아본 것 같다. 이 책을 읽는 분들도 태도가 불량한 누군가를 떠올리기보다, 그런 나의 태도는 어떤가 하는 마음으로 읽었으면 하는 바람이다. 그래서 하나님과 사람, 신앙과 생활 사이의 간격을 좁히는 데 도움을 얻으면 좋겠다. 끝으로 그동안 나라는 사람을 길이 참아 주신 분들과 좋은 태도로 신앙과 생활에 본을 보여 주신 분들에게 감사의 마음을 전한다.

1장

나를 들여다보는 태도,
성찰

내 삶이
공회전하는 것처럼
느껴진다면

((101가지 핑계와 변명을 댄다 해도))

주변에 보면, 1-2분 지각하는 일이 습관화, 체질화된 사람이 있다. 물론 사람이 살다 보면 지각할 수도 있다. 그런데 신기한 점은 지각하는 사람은 늘 지각하고, 일찍 출근하는 사람은 늘 일찍 출근한다는 것이다. 늘 일찍 출근하는 사람은 어쩌다 지각이라도 하면, 그간에 쌓은 신뢰 덕분에 너그럽게 용서받는다. 그러나 평소 밥 먹듯 지각을 해온 사람은 피치 못할 사정이 있는 날에도 이해받지 못한다. 지각할 수밖에 없는 이유를 101가지 늘어놓아도 말이다. 어떤 자세와 태도가 계속 반복되면, 사람들은 그것으로 우리를 규정한다. 우리는 누군가에게 단 한 번의 모습으로 기억될 때도 있지만, 반복된 모습으로 기억될 때가 더 많기 때문이다. 어

태도, 믿음을 말하다

쩌다 한 번은 쉽게 잊혀도, 반복한 건 깊이 새겨지게 마련이다.

남들보다 성장하고 발전하는 사람들의 특징을 열거할 때, 빠지지 않는 태도가 하나 있다. 바로 자기를 객관적으로 돌아보는 태도다. 이것을 전문 용어로 "메타 인지"(metacognition)라고 부른다. 위키 백과에 따르면 메타 인지란, 자신의 인지 과정에 대해 한 차원 높은 시각에서 관찰, 발견, 통제하는 정신 작용을 의미한다. 한마디로, 자기 자신을 객관적으로 바라보는 인지력이라고 할 수 있다. 메타 인지가 높은 사람일수록 무엇을 받아들여야 하는지, 무엇을 걸러야 하는지를 잘 분별한다. 이에 반하여, 메타 인지가 떨어지는 사람일수록 공감력이 떨어진다. 즉 자기밖에 모른다.

그럴듯한 이유를 찾아서 핑계와 변명을 개발하는 건, 자기 삶을 공회전시키는 일이다. 핑계를 대고 변명거리를 찾을 때 심적, 육체적, 정신적 에너지가 이만저만 소모되는 것이 아니다. 에너지가 소모되었는데도, 우리 삶에 아무 변화가 일어나지 않으면 피로만 켜켜이 쌓인다. 야구에서 헛스윙하고 축구에서 헛발질하면 체력이 더 많이 소진되는 것과 같다. 이럴 때 우리 삶도 늘 제자리를 맴도는 것처럼 느껴진다. "인재란 특별한 능력이 아니라 특별한 태도를 가진 사람을 말하는 것 같다." 어느 변호사가 한 말이다. 각계각층의 수많은 사람을 상대하고 관찰하면서 느낀 점이지 않을까 싶다. 나 역시 인재란 갈수록 성장하고 발전하는 사람이라고 생각한다. 그러려면 자기를 객관화해서 바라볼 줄 아는 능력, 곧 메타 인지 능력은 필수다.

우리는 다른 사람들보다 성장이 더딜 때, 그 원인을 능력 부족에서 찾는다. 하지만 능력의 부족보다 태도의 부족이 진짜 원인인 경우가 훨씬 많다. 태도의 부족은 내 실수나 잘못을 남 탓으로 떠넘기거나, 문제를 저지르고도 나 몰라라 회피하는 모습 등으로 나타난다. 다른 사람은 몰라도 그리스도인이라면, 영적으로 성장할수록 메타 인지도 덩달아 상승하게 마련이다.

> "하나님이여 나를 살피사 내 마음을 아시며 나를 시험하사 내 뜻을 아옵소서 내게 무슨 악한 행위가 있나 보시고 나를 영원한 길로 인도하소서"(시 139:23, 24).

다윗도 끊임없이 하나님 앞에서 자기 상태를 점검했다. 자기를 살펴 달라고 간구했다. 나희덕 시인도 "나이가 드니 나를 야단치는 사람이 없어졌다. 그래서 내가 내 뺨을 때리며 야단쳤다"라고 말했다. 내게는 이 고백이 자기를 객관적으로 성찰하려는 몸부림처럼 들린다.

태도, 믿음을 말하다

'나'라는 존재가 하나님 앞에서 더 많이, 그리고 더 자주 폭로될 때 우리 믿음은 성장한다. 그리고 역설적이게도 하나님 앞에서 내 실체가 폭로될수록 그분과 더 깊은 관계로 나아가는 길이 열린다.

'나'라는 존재가
하나님 앞에서 더 많이,
그리고 더 자주 폭로될 때
우리 믿음은 성장한다.

나를
번복할 수 있는
용기

살다 보면 1,000-2,000원, 아니 단돈 몇 백 원이 아쉬울 때가 있다. 부모님의 반대와 변변치 않은 형편을 무릅쓰고 들어간 신학대학원에서의 생활이 그랬다. 궁핍하면 생각도 마음도 궁핍해지기 쉽다는 걸, 그때 더욱 실감할 수 있었다.

　그즈음 우리나라에는 한창 커피 열풍이 불고 있었다. 스타벅스 커피를 테이크아웃해서 들고 다니면 누구나 고급스러운 분위기를 연출할 수 있었다. 평소 200-300원 하는 자판기 커피만 알던 나로서는 카페에서 파는 브랜드 커피가 꽤 사치스럽게 보였다. '저 돈이면 거의 밥 한 끼 값인데……' 커피를 볼 때마다 국밥 한 그릇이 떠오르면서 아까운 생각이 들었다. 비싼 커피를 마시는 사람들이 전부 과시욕에 사로잡힌, 어딘가 모르게 이상한 사람처럼 보였다.

그러다 하필 커피를 좋아하는 아내를 만나 연애하게 되었다. 그때 아내는 대학 어학당에서 한국어 강사를 하고 있었다. 그래서 조용한 카페에서 책을 읽거나 수업을 준비하는 일이 잦았다. 평소 녹차나 둥굴레 차 밖에 모르던 내게는 저세상 풍경이었다. 처음에는 한동안 카페에서 커피를 마시는 아내가 낯설다 못해 마뜩잖아 보이기까지 했다. 십여 년이 지난 지금은 어떻게 되었을까? 내가 아내보다 커피를 더 좋아한다. 고양이가 멍멍 하고 강아지가 야옹 할 일이다. 지난 십여 년 사이에 내게 무슨 일이 있었던 것일까?

다른 연인들이 그렇듯, 우리에게도 카페는 교제를 나누기에 더할 나위 없는 최적의 장소였다. 처음에는 커피 한 잔에 과도한 지출을 하는 것 같아서 마음이 불편했다. 그러나 교제할수록 카페만큼 가성비 좋은 데이트 장소도 없었다. 커피 두 잔으로 여름철 불볕 더위와 겨울철 매서운 바람을 피할 수 있는 공간은 주머니 사정이 좋지 않은 커플에게 꽤나 매력적이었다. 쾌적한 공간에서 독서와 과제, 그리고 데이트까지 할 수 있었기 때문에 이보다 좋을 순 없었다. 서서히 커피 맛을 알게 된 것은 당연했다.

종종 '그때는 맞다!'라고 생각했던 일들을 '지금은 틀렸다!'라고

인정해야 할 때가 있다. 그럴 때면, 죽고 사는 문제도 아니건만 이렇게도 저렇게도 할 수 있는 일에 괜히 핏대 세우고 목소리를 높였구나 싶다. 우리가 다투는 일 가운데 8할 정도는 '이렇게도 할 수 있고, 저렇게도 할 수 있는 문제'와 관련 깊다. 겉으로는 다 그럴듯한 명분을 내세운다. 하지만 그건 어디까지나 못나 보이기 싫어서 내세우는 대의명분에 지나지 않을 뿐이다. 한때 비싼 돈 주고 커피 마시는 사람들이 불편했던 이유도 그들의 생각이 틀려서가 아니었다. 단지 내 주머니 사정이 여의치 않았을 뿐이었다.

"그때는 맞았지만 지금은 틀렸다!" 이것만큼 우리의 본모습을 드러내고, 한계를 폭로하는 말이 있을까? 우리가 처음 그리스도인이 될 때의 고백도 "나는 틀렸고 주님이 옳습니다!"이다. 이것이 "나는 죄인입니다!"라는 뜻이다. 틀렸다고 인정하는 사람에게는 그나마 소망이 있다. 하지만 자기만 옳다고 우기는 사람에게는 절망밖에 없다. 자기 옳음에만 매달리면, 나와 다른 사람은 전부 매달아야 할 사람으로 보인다. 자신의 완전하지 않음을 인정하고, 수정하고 교정하려면 용기가 필요하다. 창피를 무릅쓰고 자신을 번복할 수 있는 용기 말이다. 이런 용기가 없어서, 오늘도 곳곳에서 다툼과 분쟁이 끊이지 않는다.

자기 옳음에만 매달리면,

나와 다른 사람은 전부 매달아야 할 사람으로 보인다.

자신의 완전하지 않음을 인정하고,

수정하고 교정하려면 용기가 필요하다.

창피를 무릅쓰고 자신을 번복할 수 있는 용기 말이다.

태도, 믿음을 말하다

칭찬받는
나쁜
그리스도인

((나는 정말 나이스한 신앙인일까?))

'바리새인, 서기관, 제사장.' 유독 예수님께 혹독한 비난을 들은 3인방이다. 그런데 이들은 굉장히 '나이스한' 종교인이었다. 머리에는 성경 지식이 넘쳤고, 입에는 거룩한 말이 가득했고, 손은 항상 깨끗했다. 다른 누구와 있어도 쉽게 구별될 정도로 품행도 남달랐다. 누가 봐도 클래스가 다른 최상위 종교인들이었다. 그들도 잘 알고 있었다. 자신이 얼마나 나이스한 사람인지. 완벽해서 흠잡을 데가 없었다. 그런데 예수님은 그들을 향해 "화 있을진저"라며 저주를 퍼부으셨다(마 23:1-36 참조). 오늘날로 말하면 쌍욕을 하신 것이다. 외식하는 모습이 역겨웠기 때문이다.

이 3인방을 생각하노라면, 드라마 <더 글로리>에 나오는 하도영(정성일 분)이 떠오른다. <더 글로리>는 학창 시절 폭력으로 영혼까지 부서진 한 여자가 온 생을 바쳐 복수하는 내용이다. 그것도 지옥 갈 각오로 말이다. 하도영은 학교 폭력의 주동자였던 박연진(임지연 분)의 남편이다. 보통 그 아내에 그 남편이지만, 하도영은 '외모, 매너, 품위' 어느 것 하나 빠지지 않는 고품격 신사였다. 더군다나 금수저를 물고 태어나서 건설사 대표로 잘 나가고 있었다.

그는 사람들 입에 오르내리는 일을 싫어했다. 남에게 피해만 안 주면 된다는 생활 방식을 고수한 것도 그런 이유에서였다. 겉으로 보면 세상에 이런 사람이 또 있을까 싶을 정도다. 나이스해도 너무 나이스한 사람이다. 그런데 그는 다른 차원의 갑질을 보여 준다. 아내가 대놓고 수준 낮은 갑질을 일삼는다면, 그는 수준 높은 갑질을 선보인다. 자기 기준에 맞지 않거나 눈에 거슬리면 가만있지 않았다. 자신의 품격 유지를 위해 상대를 뭉개 버렸다. 폭력을 행사하지 않고 매우 '나이스하게, 매너 있게, 품격 있게' 말이다. 그렇게 잘근잘근 사람의 자존심을 밟아 버린다. 게다가 격조 높은 목소리로 "돈으로 해결하는 게 가장 쉽다!"라고 말하기까지 한다. 겉으로는 신사의 품격이 느껴지지만, 알고 보면 그는 또 다른 부류의 '나쁜 놈'이다. 그래서 시청자들이 붙여 준 별명도 "나이스한 개XX"다. 그는 아랫사람에게 손찌검하지도 않고, 막말을 일삼지

태도, 믿음을 말하다

도 않기에 사람들에게 격조 높은 사람으로 비쳤을 뿐이다.

이런 사람이 가장 최악이다. 자기 인식에 문제가 있다는 걸 조금도 눈치채지 못하기 때문이다. 죄를 죄로 깨닫지 못하는 것이야말로 죄다. 무슨 말이냐면, 죄를 깨닫는다면 회개할 기회라도 있지만 깨닫지 못하면 회개할 기회조차 얻지 못하기 때문이다. 어둠을 인식하지 못하면 빛에 반응할 수 없다.

사실 하도영은 평소 우리가 바라는 사람이다. 공과 사를 잘 구분하는 사람, 매너 있는 사람, 외모와 품격, 거기에 집안까지 출중한 사람이니 말이다. 요즘 직장에서도 선을 잘 지키는 사람이 '좋은 사람'으로 불린다. 서로 '노터치'하면 얼마든지 나이스한 직장인이 될 수 있다. 엮이지만 않으면 역겨운 인간이 아니라 나름 정겨운 인간으로 살 수 있다. 우리의 본성과 실체는 누군가와 엮일 때 드러난다. 그런데 그럴 일을 만들지 않으니 서로 나이스한 사람으로 지낼 수 있는 것이다. 본래 좋은 사람이 아니라 아직 드러나지 않은 나쁜 사람일 수도 있는데 말이다.

선한 사마리아인의 비유를 보면, 나이스한 레위인과 제사장이 등장한다. 당시 예루살렘에서 여리고로 내려가는 길에는 강도가 출현하는 일이 잦았다고 한다. 하지만 생각할 점이 하나 더 있다. 예루살렘은 성전이 있는 곳이다. 레위인과 제사장은 성전 제사와 긴밀하게 관계된 사람들이다. 그들은 성전에서 예배를 드리고 내려가는 길인 것이 분명하다. 나이스한 예배, 나이스한 은혜를 받고 내려가는 길이었다. 그러나 길에서 강도 만난 자의 이웃이 되는 일에는 선을 긋는다. 부정한 자가 될 소지도 있거니와 괜히 잘못했다간 얽여서 골치 아플 수 있어서다. 이들은 나이스한 사람으로 남고 싶었다. 흠잡을 데 없는 사람으로, 계속해서 백성에게 흠모의 대상이 되고 싶었다. 그래서 보고도 그냥 지나친다. 제사는 하나님 앞에서 잘 드렸지만, 자비는 사람들에게 베풀지 않은 것이다. 예수님의 입에서 험한 말이 나온 이유다.

우리는 사람들에게 나이스한 칭찬을 듣고도 얼마든지 나쁜 그리스도인으로 살 수 있다. '드러나지만 않으면, 들키지만 않으면, 걸리지만 않으면' 계속 나이스한 사람으로 살 수 있을 것이다. 하지만 '나이스한 나쁜 놈'임에도 존경과 칭찬을 받는 사람으로 살아가는 일만큼 두려운 일은 없다. 늪에 빠졌는데도 빠진 줄 모르고 서서히 죽어 가는 꼴이기 때문이다.

> 어둠을 인식하지 못하면 빛에 반응할 수 없듯이
> 죄를 깨닫지 못하면 회개할 기회조차 얻지 못한다.

태도, 믿음을 말하다

특별하게
산다는
느낌적인 느낌

((정답 같지만, 알고 보면 오답))

정답 같지만, 알고 보면 오답일 때가 있다. 학창 시절, 시험 시간
이 끝나면 서로 답을 맞추어 보는 친구들이 있었다. 간혹 답이 일
치하지 않을 때도 있었는데, 그럴 땐 서로 자기 답이 맞다고 우기
는 실랑이가 이어졌다. 더러는 오답과 오답을 가지고 서로 정답이
라며 티격태격할 때도 있었다. 오답들을 두고 싸우는 모습을 보고
있노라면, '그들만의 리그'가 따로 없었다.

　우리에게는 저마다 생각하는 '정답'이 있다. 사람들은 이것을
가치관이나 신념, 좌우명, 인생철학 등으로 부른다. 우리는 자신만
의 정답을 선택 기준으로 삼는다. 그래서 선택에는 한 사람의 가
치관과 세계관이 담겨 있다. 이런 까닭에 정답이 흔들리면 덩달아

우리 인생도 송두리째 흔들린다.

저마다 생각하는 정답은 언제 탄생하는 것일까? 혹시 유명 인사나 연예인을 보면서, '맞아. 인생은 저렇게 살아야 돼!'라고 생각한 적이 있는가? 또는 그들이 먹고 자고 입은 것을 보면서, '나는 왜 이 모양일까?'라고 생각해 본 적이 있는가? 그때가 바로 '나도 저렇게 살아야지!'라는 생각, 곧 나만의 정답이 탄생하는 순간이다. 우리가 생각하는 정답(알고 보면 오답)은 대부분 부러움과 선망의 대상에서 비롯된다.

특정한 학교를 나오거나 특정한 지역에 사는 것, 더 나아가 특정한 집이나 특정한 차를 구입하는 것, 이것이 우리에게 특별하게 산다는 느낌을 준다. 그러나 '특정한 조건'을 인생의 정답으로 삼고 살다가는 비교의 늪에 빠지는 대가를 치르게 된다. "남들과 다르게, 뭔가 특별하게 산다!"라는 조건을 충족시키려면, 끊임없이 사람들을 살피면서 비교해야 하기 때문이다. 다른 사람은 무엇을 입는지, 무엇을 먹는지, 무엇을 사는지를 관찰한다고 생각해 보라. 그건 스스로 옭아매는 일이다. 피로를 머리에 쌓는 일이다.

서울이라는 특별한 도시(서울특별시)에 살고 있다고 해서 그 누구도 서울에 사는 사람을 특별한 사람이라고 생각하지 않는다. 서울 시민들조차도 자신을 특별한 사람이라고 생각하지 않는다. 마

　　　　　　　　　　　　　　　　　태도, 믿음을 말하다

찬가지로 특정한 조건을 갖춘 지역에 사는 것이 나를 특별하게 만들어 주지 않는다.

우리는 나만의 기준으로 "누가 더 특별한 것처럼 보일까?"를 앞다퉈 경쟁한다. 비교만큼 삶을 짓누르는 것도 없는데 말이다. 세상에는 정답인데 '틀린 정답'도 있고, 오답인데 '맞는 오답'도 있다. 이것을 '모순'이라고 부른다. 틀린 정답을 기준으로 삼으면 인생을 낭비하게 된다. 서로 틀린 정답을 맞다고 우기기 때문이다. 남들보다 특별하게 산다고 생각하지만, 알고 보면 '그들만의 리그' 속에서 힘들게 사는 사람이 많다.

+++

정체성이 불분명할수록 사람들의 시선을 의식하게 된다. 내가 가진 것으로 나란 존재를 확인하고 싶어 한다. 그리스도인이라는 정체성이 흔들리면, 세상에서 유행하는 가치를 '나만의 정답'으로 삼는 일이 벌어진다. 「팀 켈러의 예수, 예수」(두란노 역간)라는 책을 보면, 이런 말이 나온다.

> "하고많은 사람 중에 하필 나를 그분이 은혜로 사랑하시고 받아 주셨다는 경이감을 모든 그리스도인이 결코 잃어서는 안 된다. 이런 경이감을 쭉 가슴에 안고 사는 것이야말로 복음의 정수를 깨달은 사람의 표지다."

이 경이감을 잃어버렸을 때, 내 신앙에도 침체기가 찾아왔고 덩달아 그리스도인이라는 정체성도 흔들렸다.

'특별한 조건'이 곧 '특별한 존재'라고 말하는 세상이다. 하지만 하나님의 자녀라는 사실이 아닌, 더 나은 조건에서 '특별함'을 찾으면 오답밖에 건질 게 없다. 틀린 정답을 쥐고도 "내가 맞다"고 바득바득 우기게 된다. 특별해지려는 눈물겨운 노력이 우리를 얼마나 불행하게 만드는지 모른다. 그건 인생을 특별하게 망치는 일이다.

> 세상에는 정답인데 '틀린 정답'도 있고,
> 오답인데 '맞는 오답'도 있다.
> 틀린 정답을 쥐고도 "내가 맞다"고
> 바득바득 우기는 것은
> 인생을 특별하게 망치는 일이 되고 만다.

태도, 믿음을 말하다

자꾸
두리번거리는
이유

((너만 잘하면 돼))

"비교는 암이고, 걱정은 독이야."

　김호연 작가의 「불편한 편의점 2」(나무옆의자 펴냄)에 나오는 말
이다. 작가가 힘들게 무명 시절을 보낼 때, 지인에게 듣고 마음에
담아 놓은 말이라고 한다. 작가는 이 말을 방패 삼아 마음을 지킨
것 같았다. 비교하면 암밖에 생기지 않고, 걱정하면 독밖에 퍼지
지 않는다. 나로 살아가려면 비교와 걱정이라는 늪에 걸어 들어
가지 않도록 조심해야 한다. 그런데 '비교 암, 걱정 독'이라는 말이
공감을 얻는 건, 여기에서 우리가 자유롭지 못하기 때문이다.

　예수님의 제자들도 비교에서 자유롭지 못했다. 그들은 수시
로 "누가 더 큰가? 누가 더 예수님 좌우편에 앉을 만한가?"라는 문

제로 다퉜다. 베드로도 '한 비교' 하는 사람이었다. 그는 세 번이나 예수님을 모른다고 부인하고, 영혼의 어두운 밤을 보내고 있었다. 그런 그에게 부활하신 예수님이 찾아오신다. 나라면 베드로에게 욕을 잔뜩 퍼부었을 것이다. "야! 베드로! 다른 사람은 몰라도, 네가 어떻게 나한테 그럴 수 있어? 감히 나를 배신해?" "다시는 배신하지 않겠습니다!"라고 말할 때까지 따졌을지도 모른다. 그런데 예수님은 뜻밖의 반응을 보이셨다. 잘잘못을 따지지 않고, 뜬금없이 "네가 나를 사랑하느냐?"라고 질문하셨다. 입이 열 개라도 할 말이 없는 상황이었는데 말이다. 베드로는 평소 성격답지 않게 "주님께서 아시나이다……"라며 말을 흐린다 (요 21장 참조).

"네가 나를 사랑하느냐?"

처음에는 세 번이나 거듭된 질문이 짓궂다 못해 고약하게 느껴졌다. 입이 열 개라도 할 말이 없는 베드로였다. 그런 그가 한 번도 아니고 세 번이나 같은 질문을 들을 때 얼마나 난처했을까! 그런데 어느 날 이 질문이 다르게 다가왔다.

간혹 아내가 남편에게 "여보, 나 사랑해?"라고 물어볼 때가 있다(이때 나락으로 떨어지지 않으려면 정신 바짝 차려야 한다!). 이 질문은 아무나 할 수 있는 질문이 아니다. 남편을 여전히 사랑하는 아내만 할 수 있는 질문이다. 남편을 사랑하지도 않는데 이런 질문을

태도, 믿음을 말하다

하는 아내는 없다. 이런 관점에서 보면 예수님의 질문은 이런 뜻일 수 있다고 생각한다. "시몬아, 나는 여전히 너를 사랑하는데 너도 여전히 나를 사랑하는 거 맞지?" 예수님의 질문은 물음에 앞서 베드로를 향한 변함없는 사랑 고백이었다. "사랑하느냐?"라고 질문할 수 있는 자격은 오직 사랑하는 사람에게만 주어지니까!

사랑을 통해 변함없는 신뢰를 회복하자 예수님은 한 걸음 더 나가신다. 최초의 부르심을 재차 상기시키면서 사명까지 회복시켜 주신 것이다. 아, 얼마나 은혜롭고 감동적인 장면인가! 그런데 베드로가 분위기를 깬다.

> "이에 베드로가 그를 보고 예수께 여짜오되 주님 이 사람은 어떻게 되겠사옵나이까"(요 21:21).

이 질문에 예수님은 단호하게 말씀하신다. "내가 올 때까지 그를 머물게 하고자 할지라도 네게 무슨 상관이냐 너는 나를 따르라"(요 21:22). 영화배우 이영애 버전으로 하면 이렇다. "너나 잘하세요!"

사실 베드로의 모습은 우리의 모습이기도 하다. 방금까지 눈물 콧물 쏟으며 "뭐든 다 하겠습니다!"라고 해놓고서는 막상 봉사할 때가 되면 "그 사람도 한대요? 그 사람은 뭐라고 했어요?"라고 말한다. 교회 안에 라이벌이 있다는 건 코미디 같은 일이다. 그런 사람을 의식해서 주님을 섬긴다는 것도 웃긴 일이다. 그것은 계속 기회를 주시면서 여전히 사랑한다고 말씀하시는 예수님을 진짜 배신하는 일이다.

매사 남을 의식해서 신앙 생활하는 사람은 깊은 은혜를 체험하기 어렵다. 좌우를 두리번거리면 비교할 것밖에 없다. 위를 바라보아야, 덜 실망하면서 섬길 수 있다. 자꾸 좌우를 살피면서 누군가를 확인하는 태도로는 누구도 기쁘게 할 수 없다. 예수님도, 자신도, 공동체도 말이다. 우리는 다른 사람이 잘하면 잘해서 신경 쓰고, 못하면 못해서 신경 쓴다. 그런 우리를 보면서 예수님은 이렇게 말씀하시지 않을까? "너나 잘하세요!"

> 비교하면 암밖에 생기지 않고,
> 걱정하면 독밖에 퍼지지 않는다.
> 나로 살아가려면
> 비교와 걱정이라는 늪에
> 걸어 들어가지 않도록 조심해야 한다.

태도, 믿음을 말하다

거룩이
거북하다면

((거룩이 고리타분하다고?))

"내가 거룩하니 너희도 거룩할지어다"(레 11:45). 이 말씀을 대할 때마다, 늘 거룩한 부담을 느낀다. '거룩하게 살아야지!'라고 다짐하지만, 한편으로는 '내가 과연 거룩할 수 있을까?' 하는 의문이 든다. "…… 빼면 시체"라는 말이 있듯이, 거룩을 빼면 하나님도 더는 하나님일 수 없다. 그리스도인에게 '그리스도'를 빼면 아무것도 아닌 것처럼, 거룩을 잃어버린 그리스도인은 아무것도 아니다. 짠맛을 잃어버린 소금이라고나 할까? 거룩은 '죄와 거리가 먼 구별됨'을 의미한다. 그런데 문제는 우리가 살아가는 일상이 죄와 종이 한 장 차이로 맞닿아 있다는 것이다.

+ + +

"맑은 물에서는 물고기가 살지 않는다." 「채근담」에 나오는 말이다. 정말 맑은 물인 1급수에서는 물고기가 살지 않을까? 아니다. 맑은 물에서도 물고기가 산다. 그런데도 이 말이 상식처럼 통용되는 건 무슨 이유에서일까? 「채근담」은 처세술에 관한 책이다. 이 책은 인간관계에서 적당히 정직하거나 청렴해야 성공할 수 있다고 말한다. 너무 정직하거나 청렴하면 정적이 많이 생겨서 성공에 이를 수 없다고 경고한다. 딱히 틀린 말은 아니다. 다니엘도 거룩을 추구하다 정적이 많이 생겼으니까. 물론 탁월한 실력도 한몫했지만 말이다.

"맑은 물에서는 물고기가 살지 않는다"는 이 말이 우리 생각에 퍼져 있어서일까? 그리스도인조차 "너무 거룩하면 사람들이 가까이 오지 않는다"라고 생각하는 듯하다. 그러나 분명한 사실이 하나 있다. 우리는 죄와 거리가 먼 구별된 삶을 살도록 부름받았다는 것이다. 하나님은 "내가 성공했으니 너희도 성공할지어다!"라고 말씀하지 않으셨다. 대신 "내가 거룩하니 너희도 거룩할지어다!"라고 말씀하셨다.

우리는 성공에 관심이 많다. 많아도 너무 많다. 나도 이른바 세상에서 말하는 성공을 하고 싶다. 하지만 하나님은 우리의 거룩에 관심이 많으시다. 거룩만큼 하나님이 어떠한 분인지를 보여 주는 것도 없기 때문이다. 그리스도인의 능력은 거룩에서 비롯된다. 거

태도, 믿음을 말하다

룩을 잃어버린 그리스도인은 머리털이 밀린 삼손이나 마찬가지다. 그리스도인에게 거룩이 빠지면, 그 사람은 살았으나 죽은 것이다.

+ + +

혹시 거룩을 생각할 때, 융통성이 없고 고리타분한 모습을 떠올리는가? 그렇다면 교묘하게 속고 있는 것이다. 거룩을 거북하게 여기는 태도는 융통성이라는 명분 아래 본능에 충실하게 만든다. 이런 사람의 입에 자주 오르내리는 말이 있다. "요즘 누가 그렇게 살아? 혼자만 고상한 신앙을 가진 것처럼 굴지 마!" 그 옛날 노아도 지긋지긋하게 들었을 법한 말이다. 이런 말은 주로 같은 곳에 함께 몸담은 사람들의 입에서 나온다. 그리스도인이 그리스도인에게, 목사가 목사에게, 장로가 장로에게, 친구가 친구에게, 직장 동료가 직장 동료에게. 우리는 자신의 수준을 위로 끌어올릴 수 없을 바에는, 남의 수준을 아래로 끌어내린다. 수준을 끌어올리는 수고는 하지 않으면서, 아래로 끌어내리는 수고는 마다하지 않는다. 왜 그럴까? 나와 비슷한 사람이 많을수록 안심되기 때문이다. 그래서 죄도 함께 지으면 한결 마음이 편안해지는 것이다.

　하나님을 경외하지 않은 시대에, 꿋꿋하게 구별된 삶을 산다는 건 전쟁 같은 일이다. 그리스도인이 거룩하게 살려고 할수록, 없던 적들까지 생기니 말이다. 그렇다고 거룩을 포기하고 적당히 살

수는 없다. 하나님도 우리 힘으로는 스스로 거룩할 수 없다는 걸 아셨다. 그래서 "내가 거룩하니 너희도 거룩할지어다"라고 말씀하신 것이다. 나는 이 말씀을 이렇게 받아들인다. "나의 거룩으로 너희도 거룩할지어다." 우리의 능력으로는 거룩할 수 없다. 하지만 예수님 안에 거할 때, 그분의 능력으로 거룩할 수 있다. 거룩을 거북하게 여기는 태도가 우리를 죄로 이끈다. 거룩은 해도 그만, 안 해도 그만인 것이 아니다. 선택 사항도 아니다. 지키지 않으면 전부를 잃는 일이다.

"내가 거룩하니 너희도 거룩할지어다."
나는 이 말씀을 이렇게 받아들인다.
"나의 거룩으로 너희도 거룩할지어다."
예수님 안에 거할 때,
우리는 그분의 능력으로 거룩할 수 있다.

진짜
신앙은
일상이니까

((그리스도인은 신앙인인 동시에 생활인))

신앙을 강조하면 정말 좋은 신앙인이 될 수 있을까? 신앙을 강조해서 좋은 신앙인이 된다면 얼마나 좋을까마는, 생활이 결핍된 신앙은 반쪽짜리에 불과하다. 신앙과 생활, 생활과 신앙은 별개의 것이 아니다. 서로의 영역이 확실하게 구분되어 있지도 않을뿐더러, 마구 뒤섞여 있다. 하지만 우리는 "신앙생활" 하면 주로 교회 안에서의 생활, 공예배를 드리는 특정한 공간과 시간대에서의 생활을 떠올린다. 이런 까닭에 신앙의 좋음을 특정한 공간과 시간대에서의 모습으로 평가할 때가 많다.

교회에서 믿음이 좋다고 칭찬이 자자한 사람들이 있다. 교회 안에서나 밖에서나 별 차이가 없는 사람도 있지만, 간혹 일상에

태도, 믿음을 말하다

서는 눈살을 찌푸리게 하는 사람도 있다. 이웃에게 막말을 일삼는 사람도 있고, 음담패설을 즐기는 사람도 있고, 힘없는 사람을 쥐 잡듯 하는 사람도 있고, 교통 법규 정도는 가볍게 무시하는 사람도 있다. 마치 "세상에서는 이렇게 살아야 하는 겁니다. 그래야 함부로 우습게 여기지 않습니다!"라고 말하는 것 같다. 그렇다면 교회에서 별로인 사람은 어떨까? 지금까지 경험으로 보면, 밖에서도 별로일 확률이 대단히 높다. 주변에서 그가 신앙인인지 눈치채지 못하기 때문에 실망할 것도 없다.

"일상과 일이 이어지는 삶, 일상을 소중하게 생각하는 사람, 일상이 더 중하다고 말하는 사람이 나는 좋다. 그들이 만드는 예술이 더 좋다. 진짜 예술은 일상이니까."

엄지혜 작가가 「태도의 말들」(유유 펴냄)에서 한 말이다. 진짜 그리스도인도 신앙인인 동시에 생활인이 되어야 한다. 세상은 일상이 떠받치고 있다. 예술도 일상에 바탕을 두고 있다. 그러하기에 예술은 고상하고, 일상은 하찮다고 생각하는 건 위험한 발상이다. 예술로는 감탄을 자아내게 하는데 일상으로는 탄식을 자아내게 하는 사람이 꽤 많다. 그것처럼 종교적으로 대단한 업적을 남겼지만 부실한 일상으로 눈살을 찌푸리게 하는 사람이 적지 않다. 일상이 부실한데 신앙이 튼실할 수 있을까?

✝✝✝

학창 시절부터 지금까지 서로 연락하는 친구가 있다. 가난하던 친구는 남의 집에 세 들어 살았다. 간혹 집세를 제때 내지 못하기라도 하면, 집주인이 득달같이 달려와서 막말을 일삼았다고 한다. 그런데 하필 집주인이 교회에 다니는 사람이었다. 친구에게는 인정사정 봐주지 않고 폭언을 일삼은 집주인의 모습이 교회에 대한 안 좋은 추억으로 남았다고 한다.

서글프면서도 기분 좋은 칭찬이 있다. "당신을 보니까 진짜 신앙인 같네요. 당신을 보니까 교회 다니고 싶네요!" 이런 말은 오래전 요셉과 다니엘을 보고 하나님이 살아 계신다고 고백한 이방 왕들을 떠올리게 한다. 종종 교회를 떠난 사람들이 다시 돌아오도록 중보 기도를 요청받는다. 그러면 그들 주변에 요셉과 다니엘처럼 하나님을 신실하게 믿는 사람들을 붙여 달라고 기도한다. 목회자에 대한 실망은 좋은 목회자를 만났을 때, 신앙인에 대한 실망은 좋은 신앙인을 만났을 때, 교회에 대한 실망은 좋은 교회를 만났을 때 극복된다고 믿기 때문이다. 사람에게 실망해서 떠난 사람은 많아도, 예수님께 실망해서 떠난 사람은 적다. '신앙'생활만큼이나 '생활'신앙이 중요한 이유다. 직분이 나를 소개할 수는 있어도, 나라는 사람의 신앙을 다 대변해 줄 순 없다.

태도, 믿음을 말하다

일상이 받쳐 주지 않는 예술이 공상이라면, 일상이 받쳐 주지 않는 신앙은 허상이다. 신앙에 생활이 빠지는 건, 마치 생기가 없음에도 여전히 화사한 조화처럼 느껴진다. 예수님도 생활인인 동시에 신앙인의 삶을 사셨다. 그분을 닮을 수 있는 이유가 여기에 있다. 신앙은 예술이 아니라 생활이다. 그래서 진짜 신앙일수록 지지고 볶고 살아가는 일상에서 형성된다. 진짜 신앙은 일상이니까.

신앙은 예술이 아니라 생활이다.
그래서 진짜 신앙일수록
지지고 볶고 살아가는 일상에서 형성된다.
진짜 신앙은 일상이니까.

나는
피해자라는
태도

((늘 피해 의식 속에 살고 있다면))

늘 피해 의식 속에 살아가는 사람은 주변 사람을 쉽게 피로하게 만든다. 피해 의식이 강한 사람일수록 위로받고 이해받는 것을 마땅한 권리처럼 생각하는 경향이 있다. '나는 피해자이기 때문에, 사람들은 내게 더 친절하고 너그러워야 해. 이런 나를 이해해야 하는 건 당연해.' 피해자일 수밖에 없는 이유도 가지가지다. 부모님 때문에, 형제자매 때문에, 친구 때문에, 선생님 때문에, 교회 때문에, 회사 때문에……. 남을 탓하는 심리에는 '나는 본래 괜찮은 사람이고 충분히 성공할 사람인데, 주변에서 도와주지 않아서 이렇게 사는 거야!'라는 생각이 깔려 있다.

　오래전, 만나기만 하면 신세 한탄을 늘어놓는 사람이 있었다.

태도, 믿음을 말하다

말끝마다 "우리 아버지 때문에, 우리 엄마 때문에……"라는 말을 입에 달고 살았다. 자신이 지금 이렇게 사는 모든 원인이 전부 부모에게 있는 것처럼 불만이 가득했다. 나는 그 말에 조금도 공감할 수 없었다. 그가 평균 이상의 가정에서, 평균 이상의 지원을 받으며 학창 시절을 보냈다는 걸 알고 있었기 때문이다. 지금도 아쉬울 때마다 부모에게 손을 내밀고 있다. 이런 그의 피해 의식은 무슨 문제만 있으면 '탓'하는 태도로 나타났다.

+++

우리는 드라마나 영화를 볼 때, 약자나 피해자 편에 서서 감정을 이입한다. '어떻게 인간이 저럴 수 있지?'라고 생각하며 혀를 차기도 한다. "나는 피해자"라는 태도는 성경을 읽을 때도 고스란히 나타난다. 우리는 자신이 다윗이라고 생각하지, 사울이라고는 생각하지 않는다. 욥기를 읽을 때도 마찬가지다. 모두 자신을 피해자인 욥이라고만 생각할 뿐, 가해자인 세 친구로는 생각하지 않는다.

그동안 목회하면서 많은 사람을 만났다. 그중에는 관계에 어려움을 겪는 분이 많았다. 대부분 누구누구 때문에 힘들어 죽겠다고 억울함을 토로하는 내용이었다. 하나같이 피해자 신분으로 찾아와서 억울함을 호소했다. 기묘한 일은 지금까지 가해자 신분으로 찾아온 사람은 단 한 명도 없었다는 것이다. 도대체 그 많은 가해자는 어디로 갔을까? 우리는 때론 피해자이면서 때론 가해자라는 걸 몰라도 너무 모른다. 그러니 자신이 상처받은 만큼 다른 누군가에게 그만큼, 아니 그 이상의 상처를 주는 것도 모른다. 사랑이 또 다른 사랑을 낳듯이, 상처도 또 다른 상처를 낳는다. 끔찍하고 두려운 일은 당해 본 사람이 더 무서운 가해자가 되기 쉽다는 것이다.

일차적으로는 다윗과 욥의 입장에서 읽어야 하는 게 맞다. 그것이 성경을 읽는 큰 흐름이고 하나님이 의도하신 바를 발견하는 일이다. 그러나 이차적으로는 사울이나 욥의 세 친구 입장에서도 읽어야 한다. 그러면 내게만 함몰되지 않고 하나님의 마음과 눈으로 시야를 확대하거나 관점을 전환하는 데 도움을 얻을 수 있다.

"서는 데가 바뀌면 풍경도 달라지는 거야!" 드라마로도 제작된 웹툰 <송곳>에 나오는 명대사다. 본래 이 대사에 앞서 이런 말이 나온다. "당신들은 안 그럴 거라고 장담하지 마!" 나를 비롯해 많은 사람이, 이 장면에서 송곳처럼 찔리지 않았을까 싶다. 어제의 피해자가 오늘의 가해자가 되는 데는 누구도 예외가 없다. 서는 데가 바뀐다는 건, 입장이 바뀐다는 뜻이다. 그러면 관점이 바뀌고, 관점이 바뀌면 생각의 변화로 나타난다. 변화의 감탄사인 "아하!"도 그때 터진다.

우리는 다윗인 동시에 사울이며, 욥인 동시에 그의 친구들이

다. '나 때문에 그 사람도 정말 힘들었겠구나!' 우리 영혼을 철들게
하는 탄식이, 여기저기에서 많이 터지면 좋겠다.

우리는 때론 피해자이면서 때론 가해자이다.
상처받은 만큼 다른 누군가에게
그만큼의 상처를 주면서 살아간다.

2장

한결같이 걷는 태도,
성실

한 방향으로의
꾸준한
순종

((태도를 보면 믿음이 보인다))

믿음은 태도다. 유진 피터슨의 말을 빌리자면, 믿음은 "한 방향으로 오래도록 순종하려는"(A long obedience in the same direction) 사람에게서 엿볼 수 있는 태도다. 없던 길이 반복된 걸음 속에서 나는 것처럼, 없던 태도도 한 방향으로 계속된 꾸준함 속에서 형성된다.

우리의 본성은 본능과 느낌이라는 쌍두마차가 향방 없이 이끄는 것에 익숙하다. 이것을 성경에서는 각기 제 길로 가는 것으로 표현한다. 이런 관점에서 보자면, 믿음은 본성을 거슬러 주님이 닦아 놓으신 길을 계속해서 걸어가는 시도다. 이 길을 따라 걸으면서 얼마나 넘어지고, 얼마나 흔들렸느냐는 나중 문제다. 하루에

태도, 믿음을 말하다

얼마나 많이, 얼마나 멀리, 얼마나 빨리 갔느냐도 부차적인 문제다. 중간 어디쯤에서 수건을 던져 기권하는 것, 다시 돌이켜 처음으로 돌아가려는 것, 이것이야말로 진짜 큰 문제다. 애굽에서 나와 가나안 땅을 향해 가던 이스라엘 백성이 그랬다. 기껏 출애굽시켜 놨더니 방향을 틀어 다시 애굽으로 돌아가겠단다. 이는 "돼지가 씻었다가 더러운 구덩이에 도로 눕는 일"(벧후 2:22) 이다.

"고지론"은 한국 교회에서 한동안 뜨거운 논란을 불러일으킨 주제다. 그리스도인들이 세상의 높은 자리에 올라서 선한 영향을 끼치는 자로 살아가야 한다는 논리로, 효과와 효율성 측면에서 보면 꽤 설득력 있게 다가온다. 그러나 이론적으로 그럴듯하다고 해서 다 옳은 건 아니다. 십자가를 통한 하나님의 구원 방법은 이론적으로만 보면, 도무지 말도 안 되는 일이었다.

그리스도인들이 성공해서 세상을 바꾸고, 각계각층에 선한 영향을 끼치는 것도 중요하다. 그러나 그보다 중요하고 우선되어야 하는 것이 있다. 바로 어느 곳에 있든, 얼마나 높은 자리에 오르든, 주님께 지속해서 순종하려는 일관된 태도가 형성되어 있느냐 하는 것이다. 신앙생활은 이런 태도를 기르는 일이다. 이런 태도가 형성되지 않은 상태에서 고지론을 추구하는 것은 한낱 무용지물일 뿐이다. 오히려 높은 곳에서 악영향만 끼치기 쉽다. 오늘날 이런 태도의 부재 때문에, 얼마나 많은 그리스도인이 높은 자리에 오른 후 성공에 삼켜졌는지 모른다.

오래전, 캠퍼스 사역을 할 때 사법 고시를 준비하는 두 청년을 만났다. 한 형제는 고시를 몇 개월 앞두고 공부에 집중한다며 예배와 공동체에서 자취를 감춰 버렸다. 반면 같은 사법 고시를 준비하던 한 자매는 시험이 코앞으로 닥칠 때까지 예배에 참석했다. 예배드린 후에는, 리더로 소그룹 모임까지 인도했다. 중요한 고시를 앞두고 떨리지 않느냐는 질문에 자매는 "그렇기 때문에 더 주님의 은혜를 구하며 두 손을 모으게 됩니다"라며 기도를 부탁했다. 두 청년이 보인 각기 다른 태도를 보면서, 훗날 높은 자리에 올랐을 때 어떤 그리스도인으로 살아갈지가 그려졌다.

결정적인 순간에도 한 방향으로 꾸준하게 순종하려는 태도는 자리의 높낮이에 상관없이 그리스도인으로 살도록 돕는다. 태도가 형성되기까지는 오랜 순종이 요구된다. 하지만 일단 태도가 형성되면, 그다음에는 계속해서 순종하도록 태도가 우리를 붙들어 준다.

종종 척 보면 안다고 하는 사람들이 있다. 자신의 감과 촉을 신뢰하는 사람인데, 그러다가 믿는 도끼에 발등 찍히는 건 시간문제다. 그래서 나는 척 보지 말고, 그 사람의 태도를 보라고 말하고 싶

태도, 믿음을 말하다

다. 태도를 보면 믿음이 보이기 때문이다.

태도가 형성되기까지는
오랜 순종이 요구된다.
하지만 일단 태도가 형성되면,
그다음에는 계속해서 순종하도록
태도가 우리를 붙들어 준다.

실력,
꾸준하게
지속하는 힘

((벌레는 달빛 아래 밤을 뚫는다))

살다 보면 이른바 "넘사벽" 같은 사람을 만날 때가 있다. 이런 사람을 만나면 엄두가 나지 않을 정도로 특출한 실력 때문에 기가 죽고, '나는 이게 뭔가?' 하는 자괴감이 들기 쉽다. 이럴 때 우리는 그 사람은 나와 다른 천부적인 재능을 타고났다고 생각하면서 스스로 위로한다.

정말 태어날 때부터 '난 사람'도 있다. 그러나 알고 보면, '난 사람'보다 '된 사람'이 더 많다.

"나의 실력을 천부적인 재능으로 평가하는 전문가들을 보면 화가 난다. 내가 이제까지 쌓아 온 피눈물 나는 노력이 아까워서다."

태도, 믿음을 말하다

메이저리그의 강속구 투수였던 페드로 마르티네즈가 한 말이다. 그가 한 말을 처음 접했을 땐 뜨끔했다. 그동안 겉으로 보이는 '결과'만 부러워했지, 보이지 않는 '과정'은 조금도 부러워하지 않았기 때문이다. 아니, 그런 과정이 있었는지 관심조차 없었다. 오로지 남이 쌓아 올린 결과만 대단해 보이고 한없이 부러웠다.

+++

학창 시절, 사교육을 제대로 받아 본 적이 없다. 내게 어떤 재능이 있는지 발견할 기회가 많지 않았고, 그것을 계발할 시간도 없었다. 한번 마음먹은 일을 꾸준히 하는 것 외에는 남들보다 특출나게 잘하는 것이 없었다. 부족함을 메우기 위해 미리미리 준비하고, 같은 것도 반복해서 익히는 수밖에는 별다른 도리가 없었다. 낮과 밤으로 혹은 짬짬이 시간 나는 대로 말씀 묵상과 독서와 글쓰기를 계속했다. 잘해서 시작한 것이 아니었다. 내가 할 수 있는 것이 이것밖에 없다고 생각해서 시작한 것이었다. 다른 선택지가 없어서 포기할 수도 없었다.

그런데 이것을 지속하는 과정에서 한 가지 사실을 깨달았다. 실력은 꾸준하게 지속하는 사람에게 선물처럼 주어진다는 걸. 그래서 나는 실력을 이렇게 정의한다. "남들보다 비범한 능력이 아니라 꾸준하게 지속하는 힘"이라고. 이런 생각이 틀리지 않았다는 걸, 어느 날 권석천의 「사람에 대한 예의」(어크로스 펴냄)라는 책

을 읽으면서 확인할 수 있었다.

> "경의의 대상이 돼야 하는 건 당신의 천재성이 아닙니다. 성실성
> 입니다. 아니, 그 끝없는 성실성이 천재성이라고 말할 수도 있겠
> 네요. 그 누구도 당신처럼 밤낮없이 타자기를 두드리고, 또 두드
> 리고 할 수는 없을 테니까요."

마찬가지로 믿음도 한 방이 아닌 꾸준하게 지속하는 과정에서
형성된다. 그래서 금수저는 태어나면서부터 물고 나올 수 있을지
몰라도, 신앙은 지속하고 반복하는 시간 속에서 빚어진다.

갈수록 요행을 바라는 사람이 늘고 있다. 너도나도 부동산과 주식
투자로 몰리고 있다. 한 방을 노리거나 대박을 터뜨리고 싶은 마
음에서다. 그렇게 뛰어든 사람들 가운데 로또에 당첨되거나 한 방
을 터뜨린 사람도 있다. 그러나 대부분 쪽박을 차기 일쑤다.

신앙생활에서도 한 방을 노리는 사람들이 있다. 그들은 일상의
자리에서는 대충 살다가 어느 날 은혜 한 번 제대로 받으면, 엄청
난 믿음의 소유자로 거듭날 거로 생각한다. 이렇게 일상을 소홀히
여기면 일탈을 꿈꾸고 요행만 바라게 된다.

한밤중 몰래

벌레는 달빛 아래

밤을 뚫는다.

일본 하이쿠(5, 7, 5자로 된 시)의 장인 바쇼의 시다. 지금도 누군가는 어디선가 달빛 아래 밤을 뚫고 있다. 그리고 그들은 기어코 밤을 뚫는다. 과정보다 결과를 부러워하면 자기에게 분노하기 쉽다. 하지만 결과보다 과정을 주목하고 부러워하면 스스로 분발하게 된다.

우리는 '난 사람'이 아니라, 지난한 과정을 통과한 '된 사람'을 진짜 부러워하고 존경해야 한다. 심지어 이 땅에 오신 예수님도 아기로 태어나서 자라는 과정을 거치셨다. 그런데도 자신의 꾸준하지 않음을 탓하는 사람은 적고, 재능 없음을 탓하는 사람은 왜 그리 많은 것인지.

실력은 꾸준하게 지속하는 사람에게
선물처럼 주어진다.
그래서 나는 실력을 이렇게 정의한다.
"남들보다 비범한 능력이 아니라
꾸준하게 지속하는 힘"이라고.

태도, 믿음을 말하다

저
곧 떠날
사람입니다

((마인드가 썩으면 다 썩는다))

요셉은 형들에게 버림받았다. 그것도 피를 나눈 형들에게. 꽤 오랜 시간이 흘러 드디어 꿈의 의미를 깨달은 요셉은 하나님이 꾸게 하신 꿈으로 자기 인생을 재해석하면서 이렇게 고백한다. "나를 이리로 보낸 이는 당신들이 아니요 하나님이시라"(창 45:8). 형들에게 버림받은 줄 알았는데, 사실은 하나님이 보내셨단다. 요셉은 아무렇게나 팽개쳐진 것이 아니라 특별한 목적 가운데 뿌려진 사람이었다.

팽개쳐진 것과 뿌려진 것은 큰 차이가 있다. '나는 이곳에 팽개쳐졌어!'라고 생각하면, 더는 살 이유가 없어진다. 그러나 '나는 이곳에 뿌려졌어!'라고 생각하면, 더 살아야 할 이유가 생긴다. 이는 삶을 대하는 태도로 나타난다. 팽개쳐졌다고 생각하는 사람은 현재에 만족하지 않는다. 감사하지도 않는다. 하는 것마다 불만이다. 늘 여차하면 다른 곳으로 튈 준비를 하면서 산다. 그렇지만 뿌려졌다고 생각하는 사람은 '지금 여기가 꽃자리'라는 자세로 살아간다. 하나님이 보내셨다는 믿음으로 살기에 가능한 일이다. 언제 다른 곳으로 보내실지 그 때와 장소는 하나님만 아신다. 그전까지는 지금 있는 곳에서 요셉처럼 살아야 한다.

지금까지 목회하면서 사역하기에 최적화된 곳은 단 한 곳도 없었다. 작은 교회는 작은 대로, 큰 교회는 큰 대로 장단점이 있었다. 환경이 좋으면 사람이 문제였고, 사람이 좋으면 환경이 문제였다. 유리한 여건보다 불리한 여건에서 더 많이 사역했다. 그러면서 기도를 배웠고, 은혜를 알게 되었다. 항상 진짜 문제는 불량한 태도를 지닌 사람이었다. 환경이 열악하면 잇몸으로라도 하면 된다. 하지만 사람이 문제면 좋은 환경도 아무 소용이 없다. 환경이 열악하면 불편을 감내하면 그만이다. 이에 반해 사람이 최악이면 쑥대밭이 된다.

우리가 원하는 건 준비된 환경일지 모르지만, 하나님이 원하시는 건 준비된 사람이다. 여기서 말하는 "준비"란 완벽이 아니다. 하나님이 유용하게 쓰실 만한 상태가 어느 정도 마련되었다는 뜻

태도, 믿음을 말하다

이다. 개척을 앞둔 목사님이 있었다. 하루는 존경하는 선배를 찾아가 당찬 포부를 밝혔다. "드디어 모든 준비를 끝냈습니다." 그러면서 오랫동안 얼마나 빈틈없이 개척을 준비했는지 늘어놓았다고 한다. 다 들은 선배가 한마디 했다. "이제 자네만 잘 준비되면 되겠군!"

가끔 "저는 여기 잠깐 있다가 다른 곳으로 갈 겁니다!"라고 말하는 사람이 있다. 이런 태도를 가진 사람 가운데 '지금' 성실하게 사역하는 사람은 보지 못했다.

물론 궁극적인 목표나 꿈이 '지금 여기'가 아닐 수 있다. 그렇다고 해서 '지금 여기'를 소홀하게 여기면, 내일 내가 있을 곳은 어디에도 없다. '오늘 세상을 떠날 것처럼' 사는 거면 몰라도, '오늘 다른 곳으로 떠날 것처럼' 사는 건 곤란하다. '지금 여기'에서 불성실한데 '내일 저기'라고 성실할까? 그래서 나는 '저 곧 떠날 사람입니다!'라고 말하는 사람을 신뢰하지 않는다.

농부는 아무렇게나 대충 씨를 뿌리지 않는다. 분명한 의도와 목적 속에 씨를 뿌린다. 이런 맥락에서 '뿌려졌다'라는 말은 '보냄받았다'라는 말과 동의어다. 지금 여기에 뿌려졌다면, 어떻게 해서든 잘 적응해야 한다. 싹을 틔우고 열매를 맺어야 한다. 보냄받았다면, 어떻게 해서든 그 소임을 다해야 한다. 그런 사람이 현실에 뿌리박은 믿음의 사람이다.

우리는 기회가 없어서, 운이 없어서 '지금 여기'에 있는 게 아니다. 해야 할 무언가가 있기에 '지금 여기'에 있는 것이다. 그 이유를 찾아야 요셉처럼 부르심에 성실하게 응답할 수 있다. 우리의 관심은 '내일 저곳'이기에 앞서 '지금 여기'여야 한다.

'나는 이곳에 팽개쳐졌어!'라고 생각하면
더는 살 이유가 없어진다.
그러나 '나는 이곳에 뿌려졌어!'라고 생각하면
더 살아야 할 이유가 생긴다.

태도, 믿음을 말하다

매일
각오만 다지는
진짜 이유

((태도가 부족한 건 탓하지 않는다))

「왜 아가리로만 할까?」(들녘 펴냄)는 2021년에 베스트셀러에 오른 책이다. 부제가 흥미롭다. "오늘도, 해야지 해야지 하며 하루를 보낸 당신에게." 입으로는 다 능력자라고 하는 세태를 꼬집는 표현이다.

우리는 남이 하는 건 다 쉽고, 내가 하는 건 다 어렵다고 생각한다. 그러면서 마음만 먹으면 얼마든지 할 수 있다고 근거 없는 자신감을 뽐낸다. 이 세상에는 능력도 많고, 재능도 많고, 머리 좋은 사람도 많다. 그렇다고 다 빛을 발하느냐 하면, 그건 또 아니다. 여태 빛을 보지 못한 채, 평생 유망주로 사는 사람들이 태반이다. 왜 그럴까? 마음먹지 않았기 때문이다. '그까짓 마음먹는 게 뭐가 그리 대수일까?'라고 생각할지도 모르겠다. 그런데 너도나도 "내가 마음만 먹으면……" 하는 걸 보면, 세상에서 가장 힘든 일이 마음 먹는 일 아닐까 싶다.

"오늘부터 당장!"을 외친다고, 모든 일이 일사천리로 진행되는 것은 아니다. 오히려 무언가 하려고 작정하면 그때부터 없던 문제가 터지고, 사건 사고가 연달아 일어난다. 마음먹는다고 해서, 홍해가 쫙 갈라지는 모세의 기적(정확히는 하나님의 기적이다) 같은 일이 일어나지도 않는다. 마음먹기 위해서는 치러야 할 대가가 많다. 마음먹은 대로 되지 않는 것도 이런 까닭에서다.

"오늘부터 다이어트를 하겠다", "오늘부터 영어 공부를 하겠다"라는 사람은 넘쳐난다. 매일 SNS에는 이런 각오의 글들로 도배된다. 과연 그중에 진짜 살을 뺀 사람, 진짜 영어 공부를 하는 사람이 얼마나 될까? 재미있는 건, 몇 달이 지나 토씨 하나 틀리지 않고 똑같은 각오를 다시 올린다는 것이다. 마음먹는 일은 각오를 뛰어넘는 일이다. 어제도, 오늘도, 내일도 하는 사람이 진짜 마음을 먹은 사람이다.

주변에 보면 지능 지수는 높은데 태도 지수가 낮아, 보통 이하로 살아가는 사람들이 있다. 지능은 원석과 같다. 태도로 열심히 갈고 닦을 때만, 비로소 보석으로 거듭날 수 있다. 천재를 천재 되

태도, 믿음을 말하다

게 하는 것은 지능보다 태도에 달렸다. 비범한 재능이 형편없는 태도 때문에 얼마나 숱하게 땅에 그냥 묻히는지 모른다.

+++

마태복음 25장에는 달란트 비유가 나온다. 그 비유에서 주인은 종들에게 "각각 그 재능대로"(마 25:15) 달란트를 맡긴다. 적어도 비유 속의 종들은 자신이 몇 달란트를 받았는지 알았다. 하지만 우리는 어떠한가? 우리의 주인 되신 하나님이 각각 그 재능대로 달란트를 주신 것은 알겠는데, 몇 달란트를 주셨는지는 모른다.

어느 날 나는 몇 달란트를 받았을까 하고 궁금한 적이 있었다. 한참 묵상하다가 이런 결론을 내렸다. 누가 몇 달란트를 받았는지 정확히 안다고 해서, 그게 정말 도움이 될까? 만약 안다면 어떤 일이 벌어질까? 많이 받은 사람은 우쭐대는 마음에 나태할 것이고, 적게 받은 사람은 우울한 마음에 게으름을 피울 것이다. 하나님이 우리 각자에게 몇 달란트를 주셨는지 모른다면 다른 수가 없다. 그저 주어진 자리에서 수고하고 땀 흘리는 것밖에는. 사실 누가 달란트를 더 많이 받았느냐는 중요하지 않다. 그보다는 태도가 중요하다.

달란트를 남긴 종들은 하나같이 주인의 마음을 알고 열심히 장사했고, 그만큼 남겼다. 그러나 한 달란트 받은 종은 주인의 마음을 헤아리기는커녕 자신의 게으름을 변명하느라 바빴다. 그에게 한 달란트라는 재능은 있었지만, 그것을 재능 되게 하는 태도는 없었다. 이런 태도를 가진 사람에게 다섯 달란트를 맡기는 것은 재앙이다.

아무리 사소한 일도 한두 번도 아니고 계속하기란 쉽지 않다. 그래서 정말 대단한 사람은 '반짝' 하다 마는 사람이 아닌, 꾸준하게 반복하는 사람이다. 꾸준함을 태도로 가진 사람은 그 누구도 평범하지 않다. 그런데도 우리는 재능이 부족한 것만 탓할 뿐, 태도가 부족한 것은 탓하지 않는다. 이것이 어쩌면 매일 입맛만 다시듯, 각오만 다지는 이유가 아닐까?

> 천재를 천재 되게 하는 것은
> 지능보다 태도에 달렸다.
> 비범한 재능이 형편없는 태도 때문에
> 얼마나 숱하게 땅에 그냥 묻히는지 모른다.

태도, 믿음을 말하다

보편적
성실의
힘

((당장은 성과가 맘에 들지 않더라도))

"노력에 대한 회의감."

　요즘 MZ 세대를 관통하는 생각이다. 개천에서 용 나는 시대는 지나도 한참 지났다고 생각하는 세대가 MZ 세대다. "될놈될 안될안"(될 놈은 되고 안 될 놈은 안 된다)이라는 신조어까지 생긴 걸 보면, 그동안 극진한 대접을 받던 '노력'이 이제는 푸대접받는 것처럼 보인다. 이런 사고방식이 비단 MZ 세대만의 특징은 아닌 것 같다. 노력에 대한 가치가 얼마나 중요한지를 배우면서 자란 윗세대도 "모 아니면 도" 식의 벼랑 끝 생존 전략을 쓰기는 마찬가지다. 쥐꼬리만 한 월급을 모아서는 천정부지로 치솟는 집값을 따라잡기에 역부족이라는 생각 때문이다.

사십 중반을 바라보는 나 역시, 어릴 때만 해도 심심찮게 "티끌 모아 태산"이라는 말을 듣고 자랐다. 그런데 근래 들어 이런 유형의 말은 한 적도 없고, 들은 적도 없다. 시대에 뒤떨어진 말은 어디서나 환영받지 못하는 신세가 되는 듯하다. 요즘은 "고생 끝에 골병 든다"라는 말이 더 설득력 있게 다가온다.

"노력"이라는 말에 하도 질린 탓일까? 노력의 가치를 비꼬는 "노오오오오력"이란 말까지 생겼다. 이 말에는 "노력해 봤자 별수 없다"는 체념이 깔려 있다. 절망은 죽어라 노력했음에도 나아진 게 없다고 생각될 때 찾아온다. 이런 상황에서 잠언의 말씀은 "티끌 모아 태산"처럼 들린다.

> "성실하게 행하는 자는 구원을 받을 것이나 굽은 길로 행하는 자는 곧 넘어지리라"(잠 28:18).

<위플래쉬>(Whiplash)라는 영화가 있다. 피까지 차가울 것 같은 지휘자가 재능 있는 드러머를 극한으로 몰아가면서 잠재력을 폭발시키는 과정을 그린 영화다. 지휘자는 드러머의 등에 온갖 욕설과 폭언으로 '채찍질'(whiplash)을 일삼는다. '자극'(whiplash)을 주어 더욱 '노오오오오력'하게 만드는 과정에서 누군가는 목숨

태도, 믿음을 말하다

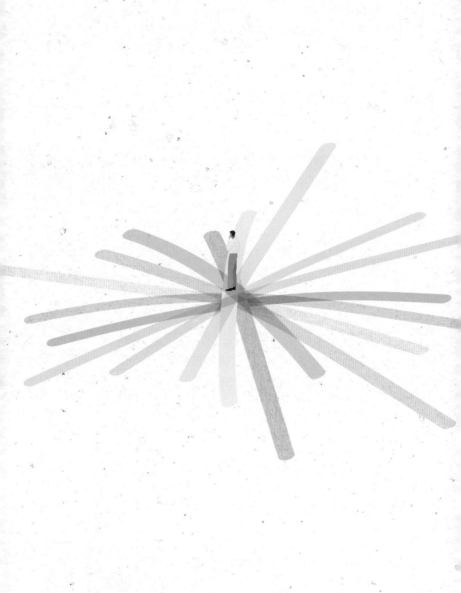

을 끊기도 하고, 누군가는 끝내 잠재력을 폭발한다. 이 영화를 보고 나서 못내 찝찝했던 건, 성과에만 집착하는 노력이 섬뜩하게 느껴졌기 때문이다. 비정상이 되어 정상에 오르는 것처럼 불행한 일이 있을까?

✜✜✜

이 영화만 보고 노력을 전부 싸잡아 섬뜩하게 생각할 필요는 없다. 노력이라고 다 잔인하지는 않기 때문이다. 땀 흘린 수고가 결과로 고스란히 이어질 때도 있지만, 실상은 그렇지 않을 때가 더 많다. 당장 나타나는 결과가 있는가 하면, 시간이 흐른 뒤에 나타나는 결과도 있다. 우리는 영화 속 지휘자처럼 압도적인 수준에 이르지 못한 노력은 노력으로 봐주지 않는 태도, 박수 받지 못한 노력은 그저 비웃음만 살 뿐이라는 태도를 조심해야 한다. 당장은 노력 대비 성과가 맘에 들지 않을 수 있다. 이럴 땐 눈앞의 성과보다 정직하게 땀 흘리며 노력하는 나의 태도를 기특해하면서 칭찬해 주어야 한다. 누군가의 말마따나, 아무것도 하지 않으면 아무것도 변하지 않으니까. 그리스도인이라면, 노력을 주 안에서 나를 아름답게 가꾸는 일로 바라보아야 한다. 성실하게 차곡차곡 쌓인 시간이 반드시 성공으로 이어지는 건 아니지만, 헛헛한 내면을 든든하고 단단하게 해 주는 건 틀림없기 때문이다.

하나님의 은혜를 사모하는 사람에게서 엿볼 수 있는 태도가 있다. 누가 보든 말든, 누가 알아주든 말든, 성실하게 일상을 가꾸어 나간다는 것이다. 촘촘한 거미줄은 이른 아침부터 수고한 거미의 튼실한 터전이 되고, 강풍에도 끄떡없는 나무 위 새집은 수없이 날갯짓한 새의 튼튼한 보금자리가 된다. 이게 어디 거미와 새에게만 해당하는 일일까? 비록 노력이 "노오오오오력"이라는 말로 푸대접받고 있지만, 나는 "보편적 성실의 힘"을 믿는다. 이 힘이 우리의 내면을 단단하게 하고, 믿음을 건강하게 한다.

> 그리스도인이라면, 노력을
> 주 안에서 나를 아름답게 가꾸는 일로
> 바라보아야 한다.
> 성실하게 차곡차곡 쌓인 시간이
> 반드시 성공으로 이어지는 건 아니지만,
> 헛헛한 내면을 든든하고 단단하게 해 주는 건
> 틀림없기 때문이다.

내 신앙에서
다른 냄새가 나는
이유

((아쉬울 때만 그리스도인이면 나타나는 현상))

언젠가 성경을 점괘 보듯 한다는 한 자매의 이야기를 들었다. 들어 보니 주일에는 꾸준히 교회에 나가 예배를 드리지만, 나머지 일상에서는 성경을 펴서 읽지 않는 "주일만 그리스도인"이었다. 그러다 갑자기 불안하거나 문제가 생기면, 그때만 성경을 펼치는데 대충 이런 식이었다. "하나님, 저에게 꼭 필요한 말씀을 주실 줄 믿습니다!" 그리고 눈을 감고 다짜고짜 성경을 펼친다는 것이다. 눈을 감고 마구잡이로 성경을 펼친 것도 모자라, 마음에 드는 말씀이 눈에 띌 때까지 성경을 덮었다가 펼치기를 반복한단다.

아우구스티누스처럼 담장 너머에서 들리는 동요를 따라 성경을 펼쳐 읽고 구원의 기쁨을 맛본 사례도 있다. 그건 어디까지나

태도, 믿음을 말하다

특별한 사례일 뿐, 일반적인 사례로 적용하기에는 무리가 있다. 문제가 생겼을 때, 딱 그때만 성경을 펼쳐서 읽는 건 바람직한 태도는 아니다. 어쩌다 느닷없이 성경을 펼치면, 말씀을 이상하게 해석하고 적용할 위험성이 그만큼 커진다. 그러면 앞뒤 맥락을 무시하고, 내 구미에 맞는 말씀만 발췌하는 일이 발생한다.

기도도 마찬가지다. 다급할 때 그 즉시 기도하는 건 좋은 자세다. 그런데 다급할 때만, 아쉬울 때만, 내 코가 석 자일 때만 기도하면 떼쓰는 것밖에 되지 않는다. 간혹 기도는 하나님 앞에서 떼쓰는 거라고 말하는 사람들이 있는데, 그것도 나름이다. 평소 하나님과 좋은 관계를 맺고 살아가는 사람에게는 떼쓰는 일이 기도일 수 있다. 반면 어느 날 갑자기 찾아와서 필요한 것 내놓으라고 떼쓰는 건, 말이 기도지 실상 협박에 가깝다. 기도는 응답받기 위해서 하는 것이다. 그러나 이보다 중요한 유익이 있다. 기도한 시간과 정성과 응답이 하나님과 더 깊은 신뢰 관계를 마련해 준다는 유익 말이다.

몇 년 전, 11월쯤인 것으로 기억한다. 차를 타고 가는데, 익숙한 현수막이 눈에 띄었다. "기도하면 반드시 응답됩니다!" 어느 교회에서 걸어 놓은 현수막일까 하고 위아래를 훑어보는데, 이게 웬걸 "조계종 ○○사, 100일 수능 기도회"라고 적혀 있었다. 놀랍게도 교회가 아닌 절에서 내건 현수막이었다. 차를 타고 조금 더 가자, 이번에는 비슷한 문구의 현수막이 어느 교회 앞에 걸려 있었다. "○○교회, 100일 수능 기도회".

수능 시험을 보는 날이면, 교회만 아니라 절도 기도하는 부모로 북새통을 이룬다. "예수님"과 "부처님"이라는 말만 빼면, 교회에서 드리는 기도나 절에서 드리는 기도나 내용에서 별반 차이가 없다. "예수님의 이름으로" 기도한다고 해서, 전부 성경에서 말씀하는 기도라고 생각하면 곤란하다. 기도하는 자세와 정성만 놓고 보면, 타 종교가 더 열정적이고 열심이다. 우리 그리스도인에게 기도 응답은 지극정성이 아닌 그 내용에 달렸다. "묻지 마!" 식이나 "지성이면 감천이다!"라는 식으로 기도해서 응답받는 것이 아니다. 하나님에 대한 신뢰와 그분의 말씀을 따라 기도하기에 응답받는 것이다.

✝✝✝

절박할수록 미신에 매달리는 게 인간의 본성이다. 그 옛날, 각종 질병에 걸린 유대인들도 베데스다 연못에 진을 치고 미신에 매달렸다. 물이 움직일 때 가장 먼저 입수하는 사람만 고침받는다는, "전설 따라 삼천리" 같은 미신을 맹신하고 있었다. 예수님이 현장

태도, 믿음을 말하다

에 나타나셔서 38년 된 병자를 고치셨을 때, 그제야 "베데스다의 전설"이 한낱 미신에 지나지 않다는 사실이 만천하에 드러났다.

가끔 연락도 없다가 발등에 떨어진 불을 끌 때만, 딱 필요할 때만, 아쉬울 때만 찾아오는 사람이 있다. 그런 사람에게 도움을 주는 일도 쉽지 않지만, 막상 도움을 줘도 딱 그때뿐일 때가 많다. 이런 관계에서는 신뢰가 싹트지 않는다. 사실 기도 응답보다 큰 축복은 기도를 통해서 예수님과 더 친밀한 관계를 맺을 수 있다는 것이다. 어쩌다 성경을 읽고 아쉬울 때만 기도하면, 예수님을 믿어도 '유교스럽게, 불교스럽게, 미신스럽게' 믿을 수밖에 없다. 이것이 우리 신앙에서 다른 냄새가 나는 이유가 아닐까?

> 기도는 응답받기 위해서 하는 것이다.
> 그러나 이보다 중요한 유익이 있다.
> 기도한 시간과 정성과 응답이
> 하나님과 더 깊은 신뢰 관계를 마련해 준다는
> 유익 말이다.

3장

있는 그대로 받아들이는 태도, 수용

선택에
대한
예의

((왜 자꾸 우기는 걸까?))

한때 원더걸스는 엄청난 인기를 누린 국민 걸그룹이었다. 그런데 돌연 리더인 선예가 24세라는 어린 나이에 결혼을 발표했다. 모두에게 충격이었고, 특히 팬들의 비난은 거셌다. 보통 이런 경우, 기획사와 마찰을 빚으며 불미스럽게 끝나는 경우가 다반사다. 그런데 기획사 JYP 대표였던 박진영은 결혼을 반대하지 않고 축복해 주었다. 팀에서 탈퇴하면 기획사에 엄청난 손해가 예상되는데도, 결혼을 축복해 준 것이다.

그렇게 꽤 오랜 시간이 흘렀다. 둘은 작별한 지 4,000일 만에 텔레비전 프로그램에 출연해서 듀엣으로 노래를 불렀다. 선예가 복귀한다고 했을 때, 박진영은 축하하는 마음으로 기꺼이 달려와 주었고, 함께 감동의 무대를 만들었다. 박진영이 선예를 떠나보내면서 마음을 다해 축하해 주었다는 말이 결코 빈말이 아니라는 게 느껴졌다. 철저히 계약 관계로 맺어진 소속사와 가수 간의 소송은 이제 흔하디흔한 일이 되었다. 이런 상황에서 서로 신뢰하면서 응원하는 관계라니 당연히 감동할 수밖에 없다.

비즈니스로 맺은 관계가 비극으로 끝나지 않고, 서로 응원하고 잘되기를 바라는 사이가 되는 건 좀처럼 볼 수 없는 일이다. 돈으로 얽힌 이해관계는 언제든지 틀어지기 쉽고, 그래서 서로 원수지간이 될 때가 많은데 말이다.

+++

"선예는 책임감이 진짜 강해요. 자기가 내린 선택을 옳은 선택으로 만들고 싶었을 거예요. 삶의 모든 선택은 선택하고 나서 어떻게 하느냐에 따라, 그 선택이 좋았는지 안 좋았는지가 결정되잖아요. 자기가 내린 선택을 좋은 선택으로 만들고 싶었을 거예요. 얘 성격에 얼마나 악착같이 그걸 잘 살아냈을까(싶어요!)"

듀엣 무대를 마치고 박진영이 선예를 향해 한 말이다. 오랫동안 쭉 지켜보지 않고는 감히 할 수 없는 믿음직한 말로 들렸다. 이 말을 듣는 선예는 얼마나 큰 힘과 용기를 얻었을까 하는 생각에, 나 또한 가슴이 뭉클했다. 박진영의 말처럼 일단 선택했으면 그게 옳은 선택이 되도록 최선을 다해야 한다. 그러나 여기에는 전제 조건이 있다. 선택을 잘 해야 한다는 것이다. 우리는 처음부터 선택을 잘못해 놓고, 내가 내린 결정이 옳았다는 걸 증명하려고 애쓰곤 한다. 그건 늪에 더 깊이 빠지는 일이다.

롯이 그랬다. 그는 처음부터 그릇된 기준으로 선택했다. 그저 성공하기에 적합한 곳이, 그가 눈을 들어 둘러봤을 때 가장 좋은 땅으로 보였다. 그렇게 선택한 땅이 죄악의 도시로 유명한 소돔과 고모라였다. 실제로 롯은 그곳에서 꽤 성공했다. 그래서 더 '내 선택이 옳았어!'라고 생각했을지도 모른다. 소돔과 고모라에서 자기 영혼이 위태로운 것도 모르고 말이다. 그릇된 선택을 해놓은 뒤에는 아무리 내 선택이 옳았다는 걸 증명하려고 발버둥 쳐도 거기엔 소망이 없다.

'내가 옳았어!'라는 생각은 우기는 태도를 낳는다. 우기는 사람은 누구의 말도 듣지 않는다. 심지어 하나님이 말씀해 주셔도 듣지 않는다. 왜 그럴까? 선택을 번복하거나 거두어들이는 일을, 나를 부정하는 일로 생각하기 때문이다. 잘못 선택했다는 걸 인정하는 꼴이기 때문이다. 하지만 뜻을 돌이키지 않는 진짜 이유는 따로 있다. 돌이켰을 때 돌아오는 온갖 비난과 비방이 두렵기 때문이다. 잘못 선택했다는 사실을 받아들이는 데도 용기가 필요하다.

태도, 믿음을 말하다

그리고 주변에서 "내가 그럴 줄 알았다!"라고 하는 비아냥과 조롱
에도 견딜 줄 알아야 한다.

┼┼┼

사실 죄악이 아닌 이상, 어느 쪽이 더 좋은 선택인지는 누구도 장
담할 수 없다. 결과를 통해 좋은 선택이었다는 사실이 드러날 뿐
이다. 죄와 불법이 아닌 이상, 스스로 내린 선택이라면 존중받아
마땅하다. 남이 내린 선택이어서 어쩔 수 없었다면 핑계라도 댈
수 있지만, 내가 내린 선택이라면 어찌 되든 책임을 져야 한다. 일
단 공들여 선택했다면, 더군다나 기도하면서 선택했다면, 그다음
에는 내가 내린 선택에 최선을 다해야 한다. 후회가 없도록 노력
해야 한다. 그런데 많은 사람이 '그때 가 보지 않은 길이 더 좋은
길이었을지도 몰라'라는 생각으로 후회 속에 살아간다. 자꾸만 뒤
돌아보면서 아쉬운 마음이 드는 이유다. 그럴수록 내가 내린 선택
에 집중하기는 더 어렵다. 괜찮았던 많은 선택이, 이런 태도로 인
해 나쁜 선택이 된다.

　떠날 용기가 없다면, 나를 부정할 용기가 없다면, 지금 있는 곳
에서 꽃을 피우고 열매 맺을 각오를 해야 한다. 그것이 내가 내린
선택에 대한 예의이고, 하나님이 내게 허락하신 이들에 대한 존중
이다.

우리는 처음부터 선택을 잘못해 놓고,
내가 내린 결정이 옳았다는 걸 증명하려고
애쓰곤 한다.
그건 늪에 더 깊이 빠지는 일이다.

태도, 믿음을 말하다

인생은
권투를
닮았다

((핵 펀치인데 물 맷집이라고?))

"삶은 고해다. 이것은 위대한 진리다. 다시 말하자면, 이 세상에
서 가장 위대한 진리 중의 하나다."

M. 스캇 펙이 「아직도 가야 할 길」(율리시즈 역간)에서 한 말이다.
그는 '삶은 고해'라는 사실을 깨닫고 받아들일 때, 그것을 뛰어넘
을 수 있다고 말했다. 삶이 힘들지 않다고 생각하는 사람일수록,
인생에 고난이 닥쳤을 때 더 취약한 모습을 보이는 것 같다. 그러
면 어떻게 해야 할까? 삶이 힘들고 고달프다는 사실을 인정하고
받아들여야 한다. 그래야 역경이 찾아왔을 때 좀 더 유연하게 대
처할 수 있다.

있는 그대로 받아들이는 태도, 수용   **85**

이런 맥락에서 인생은 권투와 닮은 구석이 많다. 다른 운동은 몰라도, 권투는 맞을 각오부터 하고 배워야 한다. 권투를 하면서 "나는 한 대도 안 맞고 이길 거야!"라고 하는 선수는 없다. 만약 그렇게 생각한다면 맞는 훈련은 건너뛰고, 오로지 상대를 때려눕히기 위한 펀치 훈련만 하면 된다. 언젠가 권투를 배운 친구에게 펀치력 강화 훈련만 하는 게 아니라, 맞아도 버틸 수 있는 맷집 훈련도 병행한다는 이야기를 들었다. 무거운 고무공으로 복근을 반복해서 내려치는 것도, 이러한 이유 때문이다.

상대를 때려눕히는 펀치력만으로는 이길 수 없다. 상대가 날리는 펀치를 맞고도 견딜 수 있는 맷집도 겸비해야 이길 수 있다. 마이크 타이슨도 무수한 펀치를 맞고도 견디는 맷집이 있었기에, 그의 핵 펀치가 빛을 발할 수 있었다. 핵 주먹인데 물 맷집이라고 생각해 보라. 핵 펀치를 날려 보기도 전에 나가떨어진다!

+++

주먹은 사방에서 예고 없이 날아온다. 그처럼 우리 인생도 늘 언제 어디에서 날아올지 모르는 펀치의 연속이다. 이건 믿음이 좋은 것과 별개다. 그러니 갑자기 들이닥치는 고난과 역경을 이상하게 생각하기보다 미리 맞을 각오를 하고 사는 게 좋다. 같은 펀치도 방심할 때 맞으면 충격이 더 큰 법이니까. 케이오(KO)도 바로 그

태도, 믿음을 말하다

지점에서 당한다.

"잘 믿기만 하면, 고난 끝 형통 시작!" 그리스도인이 되면, 사람들이 으레 하는 착각 가운데 하나다. "긍정의 힘", "잘되는 나"도 그런 기대 심리에 부응하기 위해서 나왔다고 해도 과언이 아니다. 이런 오해는 우리를 헛된 희망으로 고문한 후에, 깊게 파인 실망의 구렁텅이로 밀어 넣는다. 더군다나 극단적인 한 단면으로 신앙생활 하면, 믿음에 왜곡 현상이 발생한다.

헌신하고 순종하면, 꽃길을 걷기보다 가시밭길을 걷게 될 확률이 높다. 이런 사실을 목회자가 되기로 했을 때 실감했다. 일반 대학을 졸업하고 목회자가 되기로 했을 때, 내 앞에 펼쳐진 환경은 시온의 대로를 시원하게 내달리는 게 아니었다. 부모님의 반대를 시작으로, 전에 없던 풍파가 우리 집에 불어 닥쳤다. 일이 술술 풀리기보다 배배 꼬였다.

이런 경험을 통해 얻은 값진 교훈이 하나 있다. 그리스도인이 되고 헌신하면 형통을 주시기도 하지만, 그와 더불어 고난도 함께 주신다는 사실 말이다. 다만 주실 때 형통과 고난을 '뒤범벅'으로 섞어서 주신다는 게 문제다. 하나님이 무언가를 주실 때, 친절하게 주시기보단 팽개쳐서 내던져 주신다고 느껴질 때가 있다. 이럴 땐 정말 당황스럽다.

"불행은 인파 속에 정면으로 다가오는 게 아니라 웃고 떠들고 있

을 때 우리 등 뒤로 다가와서 칼을 꽂는다."

　영화감독 장항준 씨가 불행이 어떻게 우리 인생에 다가오는지를 묘사하면서 한 말이다. 신앙을 가졌다고 해서 불행이 봐줄 거라고 생각한다면, 순진한 생각이다. 불행은 그리스도인인 우리에게도 언제 어디에서 어떤 모양으로 튀어나와서 괴롭힐지 모른다. 그렇다면 우리와 세상 사람들 사이에 무슨 차이가 있을까? 나는 그 차이가 그 불행을 믿음의 여정으로 받아들이느냐 아니면 운명으로 받아들이느냐에 있다고 생각한다. 믿음은 사방에서 펀치가 날아올 때, 체념이 아닌 감내하려는 태도로 나타난다. 이런 태도는 나를 붙들고 계신 하나님을 나 또한 끝까지 붙들게 한다. 이것이 쓰러질 것 같으면서도 쓰러지지 않는 이유가 아닐는지.

삶이 힘들고 고달프다는 사실을
인정하고 받아들여야 한다.
그래야 역경이 찾아왔을 때
좀 더 유연하게 대처할 수 있다.

　　　　　　　　　　　　　　　태도, 믿음을 말하다

합법적
채무
관계

언제부터인가 우리 사회는 "민폐는 곧 혐오다!"라는 공식이 자리 잡고 있는 것처럼 보인다. 민폐를 끼치면 공공의 적이 되는 건 시간문제다. 물론 자기 혼자 편하기 위해서 폐를 끼치는 것이라면 지탄받아 마땅하다. 그렇지만 살다 보면 본의 아니게 신세를 져야 할 때도 있고, 염치 불고하고 아쉬운 소리를 해야 할 때도 있다.

민폐를 끼치지 않으려는 마음은 칭찬받아 마땅하다. 그러나 누군가에게 적절하게 도움을 구해 본 적이 없는 사람과 한 번도 아쉬운 소리를 해 본 적이 없는 사람은 다른 사람이 어려움 당할 때 나와 상관없는 일로 생각하기 쉽다. 여기에는 "나도 혼자 해결했으니 너도 혼자 해결해야 한다"라는 식의 태도가 배어 있다. 그러

면 누군가의 어려움을 보고도 도움을 건넬 생각조차 하지 않는다.

✛✛✛

간혹 만날 때마다 도와달라고 아쉬운 소리를 하는 사람들도 있다. 오죽하면 그럴까도 싶지만, 솔직히 그런 사람을 만나면 부담스럽다. 반면 작은 도움을 받는 것조차 불쾌하게 생각하는 사람이 있다. 이런 사람도 부담스럽기는 마찬가지다. "기브 앤 테이크"(give and take) 마인드로 도움을 주고받아야 하는 것은 아니지만, 도움도 받아 본 사람이 줄 수 있다고 생각하기 때문이다. 다른 사람에게 기대지 않을 뿐 아니라 다른 사람이 내게 기대려는 것도 허락하지 않는 건, 어쩌면 또 다른 종류의 민폐일 수 있다.

아들이 오랫동안 투병하게 되면서, 이제는 기도를 부탁하는 일조차 죄송하다는 분이 계셨다. 형제자매들에게 민폐를 끼치는 일이라고 생각한 모양이다. 그러나 정작 주변의 형제자매들은 도움을 주고 싶었지만, 행여 그분의 마음이 불편하지는 않을까 하는 마음에 주저하고 있었다. 그분이 형제자매들을 얼마나 잘 섬겼는지를 알기에 이렇게 말씀드렸다. "다른 건 몰라도 기도의 빚을 지는 건 괜찮습니다. 기도를 부탁하세요. 기도의 빚을 지는 건 사랑의 빚을 지는 거니까 괜찮습니다. 그래야 다른 분들도 아쉬울 때, 편하게 기도를 부탁할 수 있지 않을까요?"

나 역시 조심스럽지만, 평소 신뢰하는 누군가에게 기도를 부탁한 적이 있다. 기도를 부탁하면서도 '괜히 부담을 드린 건 아닐까?'라는 생각이 들었지만, 반응은 내 생각과 달랐다. "저에게 기도를 부탁해 주셔서 정말 감사합니다. 항상 기도를 받기만 했는데, 저도 목사님을 위해 기도해 드릴 수 있어서 정말 감사해요." 내가 먼저 기도를 부탁하자 그분들도 내게 기도를 부탁해 오기 시작했다. 남에게 아쉬운 소리 하는 것을 자존심 상하는 일처럼 생각하는 사람들이 있다. 그래서 문제가 생기면 늘 혼자서 전전긍긍한다. 내가 바로 그런 사람이었다.

"기도만큼 순수한 사랑도 없다"고 했다. 그러므로 기도를 주고받는 일은 사랑의 빚을 지고 갚는 일이다. 기도의 빚을 져 보면 좋겠다. 그러면 내게도 기도로 빚을 갚을 기회가 생기니까 말이다. 다른 사람들도 한결 편한 마음으로 기도를 부탁해 올 수 있다. 기도로 적절한 도움을 주고받을 때, 우리는 그제야 주 안에서 진짜 한 가족이라는 사실을 피부로 느낄 수 있다. 기도라는 사랑의 빚으로 채권자가 되고 채무자가 되는 관계는 하나님이 허락하신 유일무이한 합법적 채무 관계다.

> "피차 사랑의 빚 외에는 아무에게든지 아무 빚도 지지 말라 남을 사랑하는 자는 율법을 다 이루었느니라"(롬 13:8).

태도, 믿음을 말하다

기도로 적절한 도움을 주고받을 때,
우리는 그제야 주 안에서
진짜 한 가족이라는 사실을
피부로 느낄 수 있다.

부담스럽지
않고
편한 사람

((자존심 하나로 살고 있다면))

처음 "자강두천"이라는 말을 들었을 땐, 사자성어인 줄 알았다. 그래서 검색해 보니, "자존심 강한 두 천재"라는 말의 줄임말이었다. "용호상박"의 우리말 버전이라고나 할까? 천재일수록 자존심이 강하다. 자신이 누구보다 잘났고 똑똑하다고 생각하기 때문에, 섣불리 물러서지 않는다. 그래서 "자존심 강한 두 천재"가 만나면 피 튀기는 혈전이 벌어진다.

자존심 강한 사람은 자신이 가진 소신에 대해서도 강한 자신감을 보인다. 자기만의 소신을 갖고 산다는 건 근사한 일이다. 그렇지만 지나치면 독선이 되기 쉽다. 나와 다른 의견은 전부 틀린 것으로 생각해서, 하나하나 뜯어고치려 들기 때문이다. 이런 사람은

태도, 믿음을 말하다

나와 다른 의견은 전부 토를 다는 것으로 간주한다. 좀처럼 반대 의견을 견디지 못하고 자존심 상하는 일로 받아들인다. 그러다 관계에 마찰이 생기면 사람들이 자신을 이해하지 못하기 때문이라고, 세상이 자신을 감당하지 못하기 때문이라고 해석한다.

상대의 자존심을 꺾어서 내 자존심을 세우려는 사람은 언제나 불편하고 힘들다. 반면 자존감이 높은 사람은 소신이 없어서 물러터진 사람이 아니다. 상대의 소신도 하나의 의견이라 생각하므로 존중할 줄 아는 사람이다. 게다가 함께 이견을 조율하는 과정을 통해 평소 가지고 있던 소신을 더욱 다듬고 보완하는 계기로 삼는다.

+++

지금에 와서 돌아보면, 자기만 높일 줄 아는 사람은 '자존심이 강한 사람'이었다. 이에 반해 상대도 높일 줄 아는 사람은 '자존감이 높은 사람'이었다. 후자의 태도를 가진 사람은 부담스럽지 않고 편안한 느낌을 준다. 사람이 침대가 아님에도 편안함을 줄 수 있다는 건, 불편한 사람들 천지에 쉽지 않은 일인데 말이다. 우리는 이런 사람에게 매력과 안정감을 느낀다. 자존심 강한 사람은 자기를 가장 존중한다. 그럴수록 주변을 불편하게 만든다. 하지만 자존감 높은 사람은 상대도 존중하기에, 주변을 편안하게 만든다. 존중할 줄 아는 사람이 존중받는다. 그래서 높일 줄 아는 사람이 자존감도 높은 것이다. 불편하게 느껴지는 데도, 편안하게 느껴지는 데도, 다 그만한 이유가 있다. 그 이유를 자존심 강한 사람은 좀처럼 알지 못하고, 자존감 높은 사람은 쉽게 알아챈다.

"우리가 돈이 없지, 가오가 없냐?" 영화 <베테랑>에서 서도철(황정민 분)이 한 명대사다. 지금까지 사람들의 입에 오르내리는 걸 보면, 많은 사람에게 깊은 인상을 준 모양이다. 여담이지만, 이 말은 고(故) 강수연 씨가 영화인들을 챙기며 하던 말이라고 한다.

'가오'는 자존심이란 뜻으로 이해할 수 있다. 유혹 많은 세상에서 자존심을 지키는 것도 쉬운 일은 아니다. 그러나 엄밀하게 말해서, 우리 그리스도인은 자존심 하나로 살아가는 사람이 아니다. 주님에게 붙들려 살아가는 사람이지, 자존심을 붙들고 살아가는 사람은 아니다.

하나님이 나를 사랑하신다는 믿음으로 버티고 견뎌야, 건강한 자존감 속에서 다른 사람을 높일 수 있다. 그리스도인은 자존심으로 버티는 사람이 아니다. 그분의 사랑으로 버티는 사람이다. 그분의 사랑의 너비와 길이와 높이와 깊이가 어떠함을 깨달을수록, 괜한 자존심은 내려가고 꼭 필요한 자존감은 올라간다. 자존심에서 나오는 자신감은 왠지 부담스럽다. 그러나 자존감에서 나오는 자신감은 왠지 근사하다. 그렇다. 우리는 자존심이 아니라 믿음을 지

태도, 믿음을 말하다

켜야 하는 사람들이다. 그런데도 자존심 상하는 건 죽기보다 싫어하면서, 믿음이 상하는 건 아무렇지도 않게 생각한다. 자존심을 건드리면 불쾌하게 생각하면서, 믿음을 건드리면 대수롭지 않게 생각한다. 안타까운 일이 아닐 수 없다.

자존심 때문에 고집부리는 사람이 많다. 그러면서 믿음으로 그렇게 한다고 그럴듯하게 포장한다. 하나님을 핑계로 자기 고집을 정당화하지나 않으면 좋겠다. 자존심을 곧추세운 곳에는 혈기만 남는다. 그러나 자존심을 꺾은 곳에는 온기가 남는다. 예수님으로 인해 자기를 꺾어 본 적이 없는 사람일수록, 자꾸 다른 사람을 꺾으려 든다. 심지어 하나님까지 꺾으려 든다. 물론 자존심으로 버틸 수도 있다. 하지만 그러면 콧대만 높아진다. 독기만 남는다. 자존심을 꺾고도 마음 상하지 않는 사람이 있다면, 그런 사람이 자존감이 건강한 사람일 것이다.

그리스도인은 자존심으로 버티는 사람이 아니다.
그분의 사랑으로 버티는 사람이다.
그분의 사랑의 너비와 길이와
높이와 깊이가 어떠함을 깨달을수록,
괜한 자존심은 내려가고
꼭 필요한 자존감은 올라간다.

태도, 믿음을 말하다

모른다고 해!
괜찮아!

((참 쉬우면서도 꺼내기 어려운 말))

직업마다 독특한 병이 있다. 교사는 가르치려고 하고, 목사는 설교하려고 하고, 장사꾼은 셈하려고 한다. 종종 목회자를 찾아와 궁금한 것을 질문하는 분들이 있다. 대답하기 쉬운 질문이라면 상관없지만, 까다로운 질문을 할 땐 난감하다. 목회자라고 해서 성경의 난해한 부분이나 여전히 논란이 되는 부분을 다 아는 건 아니기 때문이다.

일상에서 일어나는 설명할 수 없는 사건 사고도 마찬가지다. 목회자를 찾아오는 분들은 왜 그런 일이 일어났는지 궁금한 마음에 달려온다. 그런 까다로운 질문에 명쾌한 대답을 내놓으면 얼마나 좋을까마는, 원인을 진단하고 문제를 해석하기란 쉬운 일이 아니다. 그런데도 잘 모르면서 마치 다 아는 것처럼 행세하기 쉽다. 왜 그럴까? 행여 목회자로서 신뢰를 잃지는 않을까 하는 염려, 그리고 수준 떨어지는 목회자로 보일까 하는 두려움 때문은 아닐는지.

잘 모르면서 아는 척할 때 나타나는 현상이 있다. 장황하게, 길게, 빙빙 돌려서 구구절절 설명한다는 것이다. 어떤 질문에 간단명료하게 대답한다는 건, 개념을 확실하게 이해했다는 뜻이다. 반면 장황하게 대답한다면, 그건 자신도 뭐가 뭔지 잘 모른다는 증거다. 잘 모르기 때문에, 이것저것 다 끌어와 설명하는 것이다. 그런데 대부분 듣는 사람은 안다. '이 사람도 잘 모르는구나!' 물론 겉으로 내색하지는 않지만 말이다.

+++

다 안다는 태도가 지나치면, 버럭 화를 내기도 한다. 누군가 질문하면 "그것도 몰라요?"라며 사람들이 보는 앞에서 핀잔을 준다. 그것도 아니면, "신앙생활 한 지가 언젠데, 직분을 받은 지가 언젠데 아직도 그걸 몰라요?"라는 말로 질문한 사람의 입에 재갈을 물린다. 다시는 질문하지 못하도록 쐐기를 박는 것이다. 이런 태도는 어디까지나, 자신의 무지를 감추려는 것에 지나지 않는다. 몰라도 아는 척하려, 포장하고 둘러댈 수밖에 없다. 그럴수록 신뢰는 떨어진다.

태도, 믿음을 말하다

우리는 질문에 즉시 대답하지 못하면, 혹시 나를 얕보거나 우습게 보지는 않을까 걱정한다. 정말 그럴까? 꼭 그렇지도 않다. 아는 척하는 사람보다 솔직하고 정직한 사람을 더 좋아하는 건 인지상정이다. 질문에 보이는 반응도 마찬가지다. "그 문제는 저도 잘 모르겠네요." 이렇게 대답하는 사람을 비난하면서 깔보는 사람이 있을까? 일대일 양육과 소그룹 성경 공부를 수없이 인도하면서, 배운 게 하나 있다. 누군가 까다로운 질문을 하면 아는 척하지 말고, 그냥 솔직하게 대답하는 게 더 낫다는 것. "그건 저도 잘 모르겠네요." 그런데 여기서 그치면 안 된다. 이 말도 덧붙여야 한다. "저도 그게 헷갈리고 궁금하네요. 괜찮으시면, 자료를 찾아보고 다음에 만날 때 말씀드려도 될까요?" 그리고 다시 만났을 때, 대답해 주면 된다. 이런 태도는 오히려 신뢰를 준다. 내 질문을 허투루 듣지 않고 대답할 말까지 준비해 온 사람을 어찌 신뢰하지 않을 수 있을까!

나 또한 초신자 때, 질문이 많았다. 내 질문에 척척 대답해 주신 분도 있지만, "그건 저도 잘 모르겠네요!"라고 대답한 분도 있었다. 대답하지 못했다는 이유로, 얕보거나 깔본 적은 없었다. 오히려 솔직한 모습에 더 믿음이 갔다(물론 다시 만날 땐, 질문에 대한 답변을 준비해 오셨다). 내 질문을 흘려듣지 않고, 대답을 준비해 온 사람을 더 좋아하게 되었다. 내 질문을 소중하게 생각한다는 건, 곧 나를 소중하게 생각한다는 뜻이니까 말이다.

우리는 답을 척척 내놓는 사람보다 정직한 사람에게 마음을 열고, 경청하는 사람에게 마음을 준다. 아는 척하려다 성경을 억지로 풀다 보면(벤후 3:16 참조) 삼천포로 빠진다. 아니, 이단으로 빠진다. 이단의 특징은 성경의 난해한 말씀을 '억지로' 푸는 데 있다. 귀에 걸면 귀걸이, 코에 걸면 코걸이 식으로 말이다. 얼핏 그럴듯하게 들리지만, 이는 영혼에 제초제를 뿌리는 꼴이다. 차라리 그럴 바에는 알면 아는 대로, 모르면 모르는 대로 말하는 게 더 낫다. "저도 잘 모르겠네요. 하지만 찾아보고 알려드릴게요." 이렇게 반응했을 때 실망해서 떠난 사람은 없었다. 대신 기꺼이, 더 가까이 다가온 사람은 많았다.

우리는 답을 척척 내놓는 사람보다
정직한 사람에게 마음을 열고,
경청하는 사람에게 마음을 준다.

태도, 믿음을 말하다

품격은
품는 만큼
올라간다

어느 교회에 탁구를 잘 치는 A가 있었다. A보다 탁구를 잘 치는 사람은 없었다. A는 탁구를 좋아하는 사람들에게 부러움의 대상이었다. 탁구 동호회 코치도 A의 몫이었다. 그러던 어느 날. 교회에 새 가족으로 B가 들어왔다. 하필 B의 특기도 탁구였다. 자연스럽게 탁구를 좋아하는 회원들과 어울리게 되었다. 그런데 문제는 B의 실력이 지금까지와는 다른 차원이었다는 것이다. 누가 봐도 코치로 대접받던 A보다 실력이 몇 수 위였다. 그러자 회원들의 관심이 전부 새로 들어온 B에게 쏠렸다. 그에게 배우려는 사람들이 줄을 이었다. 이다음은 어떻게 되었을까? 동화처럼 "행복하게 잘 살았답니다!" 라고 끝났다면 얼마나 좋을까? 그건 어디까지나 동

화에서나 가능한 일일 뿐, 현실은 달랐다.

A는 자신의 독보적인 자리가 위협받는다고 생각했다. 그날로 새로 들어온 B를 눈엣가시처럼 여기기 시작했다. 그 사람을 볼 때마다 속에서 천불이 나는 것 같았다. 그 여파로 예배에 집중할 수도 없었다. 더 이상 두고 볼 수 없었다. A는 주변 사람들에게 B에 대한 안 좋은 소문을 퍼뜨렸다. 근거 없는 소문이 입에서 입으로 퍼졌다. 결국 B는 더는 교회에 다닐 수 없었다. 깊은 상처만 안은 채 교회를 떠나고 말았다.

+++

B가 떠나자 동호회의 탁구 수준도 예전으로 돌아갔다. 탁구 수준을 업그레이드할 수 있는 절호의 기회도 놓치고 말았다. A도 자신의 실력을 한 단계 업그레이드할 수 있었지만, 그렇게 하는 대신 우물 안 개구리로 사는 것에 만족했다. 영화 <타짜>를 보면, 깡패 두목인 곽철용(김응수 분)이 어떻게 지금의 자리에 오르게 되었는지를 말하는 장면이 나온다.

> "내가 달건이 생활을 열일곱에 시작했다. 그 나이 때 달건이 시작한 놈이 백 명이라 치면은, 지금 나만큼 사는 놈은 나 혼자뿐이야. 나는 어떻게 여기까지 왔느냐? 잘난 놈 제끼고 못난 놈 보내고, 안경잽이같이 배신하는 새끼들 다 죽였다."

있는 그대로 받아들이는 태도, 수용

한마디로 자기보다 앞서거나 잘나가는 사람을 보면, 그 꼴을 못 보고 다 해코지하거나 죽였다는 것이다. 그렇게 해서 기껏 된다는 게 깡패 두목이었다.

물은 그릇의 크기만큼 담긴다. 마찬가지로 나중 된 사람이 자리 잡기까지는, 먼저 된 사람의 삼용(포용, 허용, 관용)이 필요하다. 먼저 된 사람의 그릇만큼 나중 된 사람을 담을 수 있기 때문이다. 굴러온 돌이 박힌 돌 빼낸다는 말이 있다. 안 좋은 의미로 사용되는 속담이지만, 이 말을 뒤집어서 생각해 볼 필요가 있다. 굴러온 돌이 박힌 돌을 빼낸다면, 틀에 박힌 곳에서 벗어날 기회가 될 수도 있지 않을까?

늘 그렇게 고만고만한 수준에 머무르고 싶다면, 나보다 뛰어난 사람을 제거하면 된다. 뒤에서 몰래 근거 없는 소문을 퍼뜨리면 된다. 그러나 한 단계 더 도약하고 싶다면, 나보다 잘난 사람을 허용하고 용납하면 된다. "흥칫뿡" 대신 "그 비결이 뭐예요?"라고 인정하면 된다. "내 실력이 끝임없이 성장하고 있다고 느끼면 불안하지 않습니다." 문화 심리학자 김정운 교수가 한 말이다. 꾸준히 성장하지 않으면 성장하는 사람의 발목만 잡게 된다.

나는 바나바를 볼 때마다 한 가지 사실을 배운다. "사람은 품는만큼 품격이 올라가는구나!" 하고 말이다. 사도행전을 보면 처음

태도, 믿음을 말하다

에는 바나바가 바울보다 먼저 언급된다. 나중에는 바울이 바나바보다 먼저 언급된다. 순서가 역전되는데, 이것은 사역의 주도권이 바나바에서 바울에게로 넘어갔다는 뜻이다. 리더십이 바뀐 것이다. 바나바 입장에서는 다분히 자존심 상하는 일이자, 체면이 구겨지는 일이었다. 더군다나 바울이 바울 될 수 있던 것도, 바나바의 보증과 천거가 있었기 때문이지 않던가! 그러나 바나바는 품는다. 그는 정말 볼품없는 사람이 아니라 품격 있는 사람이었다.

현재에 안주하다가, 먼저 된 자로서 나중 되는 건 부끄러운 일이다. 그러나 바나바처럼 자기보다 잘난 사람을 수용함으로 나중 되는 건 칭찬받을 만한 일이다. 품는 만큼만 내 인격이 된다. 수준과 품격도 품는 만큼 올라간다.

굴러온 돌이 박힌 돌을 빼낸다면
틀에 박힌 곳에서 벗어날 기회가
될 수도 있지 않을까?

비교는
감사 도둑

먹을 때, 우리 집 세 아들은 극도로 예민해진다. 아빠 엄마가 과연 한 치의 오차도 없이 똑같이 나누어 주는지, 혹시 형이나 동생에게 더 큰 쪽을 주는 건 아닌지 두 눈을 동그랗게 뜨고 바라본다. 그런데 부모 마음이 어디 그러하던가? 부모의 사랑은 물리적으로 똑같은 양을 나눠 주는 것을 의미하지 않는다. 유독 마음이 쓰이는 자식에게 조금이라도 더 얹어 주고 챙겨 주고 싶은 게 부모 마음이다. 그래서 부모의 사랑은 자식들에게 획일적이지 않고, 그때그때 형편과 상황에 따라 탄력적으로 적용되는 것이다.

둘째는 유독 먹는 걸 좋아하고 또 많이 먹는다. 게다가 중간에 낀 것이 안쓰러울 때가 많아서, 티 나지 않게 조금이라도 더 챙겨

주려고 신경 쓴다. 그런데 이 녀석은 자기에게 더 많이 준 것은 생각하지도 않고, 매번 형과 동생에게 준 것을 보면서 자기는 왜 이렇게 적게 주느냐고 불평한다. "그럼 바꿔!"라고 얘기하면 그건 또 싫어한다. 아무리 공평하게 똑같이 나누어 준다고 해도, 받는 처지에서는 '내 것'은 작게 보이고 '네 것'은 더 크게 보이는 모양이다.

먹는 것 앞에서 일촉즉발의 상황을 극복하고 화평을 도모하기 위한 좋은 방법이 하나 있다. 세 아들 가운데 하나가 세 조각으로 나누면, 나눈 녀석이 맨 마지막에 남은 걸 먹는 방법이다. 그러면 자기가 맨 마지막에 남은 걸 먹어야 하는 탓에, 한 치의 오차도 없이 나눈다. 허튼수작을 부렸다간 그 대가를 자기가 맛봐야 하기 때문이다.

┼┼┼

우리는 같은 것도 감사보다 불평에 더 쉽게 반응한다. 특히 다른 사람과 비교하면 감사는 축소되고 불평은 확대된다. 다른 사람에게 시선을 돌려서, 자신에게 없는 것을 그에게서 찾는 사람들이 있다. 시선을 다른 사람에게 두면, 감사하기가 쉽지 않다. 감사하더라도 비교 우위를 통한 우월감에 취해 감사하게 된다. 성전에 올라가 기도한 바리새인도 세리와 같지 않음으로(눅 18:11) 감사했다.

누가복음에 보면 열 명의 나병 환자가 나온다. 결론부터 말하자면, 열 명의 나병 환자는 예외 없이 전부 고침받았다. 그러나 다시 돌아와 예수님 앞에 엎드려 감사한 사람은 사마리아인 한 사람뿐이었다. 왜 그랬을까? 평소같이 멀쩡했다면, 유대인과 사마리아인은 서로 상종하지 못할 물과 기름 같은 앙숙이었다. 당시 유대인과 사마리아인이 한자리에 있는 조합은 감히 상상할 수 없는 그림이었다. 그런데 나병이 이 경계를 허물고 하나로 묶는 역할을 했다. 그랬던 이들이 나병에서 고침받는다. 고침받자, 유대인 아홉 명의 눈에 이방인의 피가 섞인 사마리아인이 들어오기 시작한다. 이에 순수 혈통을 자랑하던 자기들과 잡종으로 여기던 사마리아인 사이에 다시 38선이 그어진다. 비교의 눈으로 바라보자, 아홉 명의 유대인은 사마리아인과 함께 고침받았다는 사실이 불쾌했을지도 모른다. 비교하는 시선으로 사마리아인을 주목했을 때, 감사는 삽시간에 분노와 상대적 박탈감으로 뒤바뀌었을 것이다.

간장 게장이 밥도둑이라면 비교는 감사 도둑이다. 그래서 비교는 감사를 도둑질하도록 나 스스로가 허락하는 일이나 다름없다. 우리는 다른 사람에게 있는 감사 제목은 잘도 찾아내면서, 이미 내게 있는 감사 제목에는 눈이 먼 채 살아간다. 주변만 살피면서 "왜 내게는 이것밖에 주지 않으셨을까?"라는 말만 중얼댄다. 그렇지만 자신을 찬찬히 살피다 보면 "내가 누구이기에 이런 은혜를 주

태도, 믿음을 말하다

셨습니까?"라고 고백할 만한 것도 많다. 감사하고 싶다면 쓸데없이 다른 사람과 저울질하는 일부터 멈춰야 한다. 그동안 도둑질당한 감사만 해도 산더미니까.

> 감사하고 싶다면
> 쓸데없이 다른 사람과
> 저울질하는 일부터 멈춰야 한다.
> 그동안 도둑질당한 감사만 해도
> 산더미니까.

4장

나를 내세우지 않고 섬기는 태도, 겸손

다만
자기 증명에서
구하소서

((사소하지만 굉장히 중요한 일))

바야흐로 2007년 봄, 07학번으로 신학대학원에 들어갔다. 첫 학기 첫 수업이 있던 날, 교수님이 출석부에 적힌 이름을 일일이 호명하셨다. 이름을 부르는데, 믿음의 전당이라고 하는 히브리서 11장을 낭독하는 줄 알았다. 대략 이랬다. "김사라, 박이삭, 이요셉, 정바울, 조나단, 조에스더, 최다윗, 최에스겔……." 성경에서만 보던 믿음의 거장들을 신학대학원 강의실에서 직접 보게 될 줄은 꿈에도 몰랐다. 그중에서도 가장 많은 이름은 단연 요한이었다. 신학교 수첩을 보니, 성씨마다 한 사람씩 있을 정도로 많았다. '강요한, 김요한, 문요한, 박요한, 이요한, 임요한, 조요한, 주요한, 최요한, 하요한…….'

태도, 믿음을 말하다

+｜+｜+

왜 많은 신앙의 부모가 자녀의 이름을 '요한'이라고 지을까? 요한을 신앙인의 좋은 본보기라 생각하기 때문이다. 그래서 우리 아들도 요한처럼 하나님께 귀하게 쓰임받길 바라는 마음에서 지었을 것이다. 그게 부모 마음이다. 그런데 신약 성경에는 요한이라는 이름을 가진 사람이 세 명이나 등장한다. 예수님께 사랑받은 사도 요한이 있고, 최초의 복음서인 마가복음을 기록한 마가 요한이 있고, 주의 길을 준비한 세례 요한이 있다. 여기서 질문 하나. 그렇다면 부모들은 이 세 명의 요한 가운데 누구를 염두에 두고 '요한'이라고 이름 지었을까? 예수님께 사랑을 많이 받은 사도 요한이 아닐까 싶다. 단언컨대, 세례 요한을 닮았으면 하는 바람에서, 자녀의 이름을 요한으로 지은 부모는 없을 듯싶다. 이렇게 생각하는 이유가 있다. 세례 요한이 광야에서 척박한 인생을 살았을 뿐 아니라, 후에는 허무하게 참수형까지 당했기 때문이다. 내가 부모라고 해도 이런 세례 요한보다는 예수님께 사랑도 많이 받고 후에는 사랑의 사도로 거듭난 사도 요한을 따라 이름을 지어 줄 것 같다.

+｜+｜+

그런데 알고 보면, 세례 요한만큼 예수님만 드러내고 가리킨 사람도 드물다. 그를 묵상할 때마다, 페이지 터너가 떠오른 것도 그런 이유에서다. 페이지 터너는 연주회나 음악회 때, 악보를 넘겨주는 사람을 가리킨다. 주로 연주자 왼쪽 뒤편에 앉아 있다가 필요할 때마다 악보를 넘긴다. 얼핏 보면 악보 넘기는 일이 무슨 대수일까 싶지만, 그렇지 않다. 악보를 제때 넘기지 않았을 경우를 생각해 보라. 사소한 실수 하나가 연주를 몽땅 망칠 수 있다!

페이지 터너에게 요구되는 자세가 많이 있지만, 그중에서도 제일은 "연주자보다 돋보이면 안 된다!"는 것이다. 이것은 우리 안에 충만한 인정 욕구와 정면으로 반하는 일이다. 무색무취 혹은 잉여 인간으로 살고 싶은 사람은 없다. 이른바 '인싸'나 '셀럽'이 되려고 안간힘을 쓰는 것도 존재감 있는 사람으로 주목받고 싶기 때문이다. 이는 정도의 차이만 있을 뿐, 인간이라면 누구에게나 있는 욕망이다.

사실 세례 요한은 오늘날 저평가되는 것과 달리 당시만 해도 엄청난 인기를 자랑한 사람이었다. 오늘날로 말하자면, "파워 인플루언서"였다. 곳곳에서 그에게 세례를 받으려고 나올 정도였으니까. 혹시 그리스도가 아니냐고 생각하는 사람도 많았다. 많은 사람이 세례 요한에게 기대를 걸고 있을 때, 그는 '자기 증명' 대신 '자기 부인'을 한다. "나는 그리스도도 아니고, 엘리야도 아니고, 선지자도 아닙니다!" 그러고는 자기에게 쏠린 모든 시선과 기대를 예수

태도, 믿음을 말하다

님께 돌린다. 말이 쉽지, 이렇게 하지 못해서 망하는 사람이 한둘이 아니다.

세상은 끊임없이 자기 증명을 해 보라고, 그러면 인정해 주겠다고 말한다. 하지만 자기 증명에 실패하면 열등감과 패배감 때문에 자기를 혐오하고, 더 나아가 다른 사람까지 혐오하는 죄에 빠지기 쉽다. 이런 세상에서 '자기 부인'은 '자기 증명'이라는 유혹에서, 우리를 구원해 준다. 예수님이 귀하게 보시는 사람은 자기 증명에 성공한 사람이 아니다. 예수님을 위해 자기 부인에 성공한 사람이다. 페이지 터너, 세례 요한처럼 말이다.

> 세상은 끊임없이 자기 증명을 해 보라고,
> 그러면 인정해 주겠다고 말한다.
> 하지만 자기 증명에 실패하면,
> 열등감과 패배감 때문에 자기를 혐오하고
> 더 나아가 다른 사람까지 혐오하는 죄에 빠지기 쉽다.

참을 수 없는
엉덩이의
무거움

((꼭 필요한 경험을 하게 해 주세요))

'사랑, 겸손, 자비, 긍휼, 섬김……' 듣기만 해도 좋은 고상한 말들이다. 하지만 막상 이렇게 살려면 고단한 일상이 뒤따른다. 고상하게 말하기는 쉬워도, 고상하게 살기는 어려우니까. 괴리는 말은 쉽고 보여 주는 건 어려운 데서 발생한다.

한번은 신학대학원 기숙사 입소를 앞두고, 이렇게 기도했다. "하나님, 이번에 기숙사에 들어가면 겸손하게 섬기는 자가 되겠습니다." 이 기도가 장차 어떤 파장을 몰고 올지 전혀 몰랐다. 신학대학원에 들어간 첫해 중, 한 학기는 경건 훈련으로 기숙사 생활을 해야 했다. 좁은 공간에서 네 명이 함께 지낸다는 게 쉬운 일은 아니었다. 방 청소는 대략 주 1회 정도 했는데, 한 번 하면 그나

마 다행이었다.

어느 날은 청소하지 않아, 먼지가 서로 뒤엉켜 이리저리 떼구루루 굴러다녔다(나를 비롯해 누구도 청소하지 않았다는 뜻이다). 룸메이트의 눈에는 들어오지 않는 먼지가 하필 내 눈에만 띄었다. 눈에 띄었다는 건, "네가 좀 치워라!"라는 사인이다. 마냥 모른 척할 수 없어서, 빗자루로 방을 쓸고 물걸레로 닦았다. 기도한 게 있던 터라, 처음에는 웃으며 청소했다. 그런데 점점 당연하게 여기는 것 같아 마음이 힘들었다. 좁은 기숙사 방을 청소하는 것뿐이었는데 말이다. 마음이 내키지 않자 빗자루 들기가 싫었다.

엘리야처럼 '나만 홀로 남았다'란 생각에 입이 삐죽 나왔다. "하나님, 너무한 거 아닙니까?" 이에 대한 대답에 말문이 막혔다. "네가 먼저 겸손하게 섬기는 자가 되겠다고 해서, 내가 최적의 환경을 조성해 주었다. 무슨 문제라도 있는 거니?" 후회가 쓰나미처럼 몰려왔다. 반박할 만한 말도 떠오르지 않았다. 하나님은 꼭 이런 기도에는 200퍼센트로 응답해 주신다. 그것도 일사천리로 말이다. 그 일을 겪고 나서는 함부로 섣불리 "제가 먼저 섬기겠습니다!"라는 말이 나오지 않았다. 섬기는 일처럼 아름답고 고상한 일도 없다. 그러나 실제로는 생각처럼 아름답거나 고상하지 않다. 섬김은 자존심 따위는 잠시 주머니에 넣을 각오부터 해야 가능한 일이다.

남들이 꺼리는 일조차 기꺼이 해야 할 수 있는 일이다.

한때 공부는 머리로 하는 줄 알았다. 그런데 아니었다. 누가 진득하게 오래 앉아 집중하느냐의 싸움이었다. 공부는 머리가 아니라 엉덩이로 하는 것이었다. 실제로 공부 잘하는 사람을 보면, 한 자리에 엉덩이를 딱 붙이고 앉아서 서너 시간씩 몰입한다. 그렇다면 섬기는 일은 어떨까? '섬김' 하면 손발이 먼저 생각난다. 부지런히 손발을 움직여야 섬길 수 있다. 그러나 이보다 앞서는 것이 있다. 엉덩이다. 엉덩이부터 떼야 손발을 움직일 수 있다. 공부는 엉덩이가 무거워야 할 수 있다면, 섬김은 엉덩이가 가벼워야 할 수 있다. 손발은 그다음이다.

+++

영화 <더 퍼스트 슬램덩크>를 보면, 북산고와 산왕고의 결승전 장면이 나온다. 산왕고는 지는 법을 모르고 연승가도를 달리고 있었다. 그중에서도 산왕고 에이스 정우성의 활약이 눈부셨다. 그러나 경기는 북산의 극적인 승리로 끝난다. 첫 패배를 당한 정우성은 주저앉아 오열한다. 영화는 그가 기도하던 장면을 보여 준다. "제가 필요한 경험을 하게 해 주세요." 얼마나 고상하고 수준 높은 기도인가! 하지만 막상 기도가 이루어졌을 땐 기쁨이 아니라 고통이 찾아왔다. 정우성도 이렇게 기도에 응답받으리라고는 생각지도 못한 것 같았다. 나중에 얼마나 후회가 되었을까. '그때 왜 그렇게 기도했을까?' 그런데 이때 '진 경험'이 훗날 엔비에이(NBA)에 진출하는 밑거름이 된다. 승리밖에 모르던 그에게 가장 필요한 경험은 '지는 경험'이었던 것이다. 그것도 뼈아프게 지는 경험 말이다.

승리한다고 다 얻는 게 아니다. 승리해서 더 많은 걸 잃을 수 있다. 나 역시 고상한 기도를 너무 쉽게 한 탓에 크게 후회했다. 그러나 그 덕분에 강의실에서 배울 수 없는 교훈을 얻을 수 있었다. 엉덩이를 떼지 않으면, 섬김은 한낱 고상한 말이나 구호에 그칠 수 있다는 걸 말이다. 무거운 엉덩이로는 우리에게 필요한 경험을 할 수 없다. 세계 선교를 위해서 목숨을 바치겠다는 사람은 많다. 반면에 바로 옆 동료를 섬기는 건, 죽어도 못하겠다는 사람은 더 많다. 우리는 '진짜 필요한 경험'을 원하면서도, 정작 '진짜 필요한 경험'은 꺼린다. 변화가 없다면, 이런 이유 때문일 것이다.

섬김은 자존심 따위는
잠시 주머니에 넣을 각오부터 해야 가능한 일이다.
남들이 꺼리는 일조차
기꺼이 해야 할 수 있는 일이다.

태도, 믿음을 말하다

최상급
표현을
남발한다면

"최고의 수익률 보장", "업계 최초"……. 광고나 현수막, 무차별적으로 발송되는 광고성 문자에서 흔히 볼 수 있는 표현이다. 최상급 표현은 다른 것들에 비해 얼마나 좋은지를 강조할 때 사용된다. 하지만 지나치게 남발되면 신뢰는커녕 '혹시 사기 아닌가?' 하는 인상만 준다.

간혹 자신이 얼마나 잘 나가는 사람인지, 얼마나 대단한 사람인지, 일종의 존재감을 과시하기 위해서 최상급 표현을 남발하는 사람이 있다. 자기에게 내세울 만한 게 없다 싶으면, 최상급 사람을 끌어와서라도 꽤 대단한 사람인 양 말한다. "제가 ○○○를 좀 압니다", "제가 ○○○와 굉장히 친합니다." 왜 이런 태도를 보이는 걸까? 이름만 대면 알 만한 사람들의 유명세나 인지도로 '나'라는 존재에 밑줄 긋고 싶은 것이다. 덕을 보고 싶은 것이다.

+++

언젠가 자신이 얼마나 대단한 사람인지를 구구절절 늘어놓는 사람을 만났다. 그는 처음부터 끝까지 '최고', '제일', '가장', '최초' 등 최상급 표현을 과하게 사용했다. 단번에 자기의 존재감을 과시하고 싶은 사람이라는 게 느껴졌다. 하지만 대단한 사람처럼 보였을 뿐, 전혀 대단하게 느껴지지 않았다. 오히려 자기의 존재감을 최상급 표현에 의지해서 늘어놓는 모습을 보면서 측은한 생각만 들었다. 최상급 표현을 남발하는 모습이 "나 아직 죽지 않았어! 나 지금도 잘 나가는 사람이야!"라는 몸부림 같았다. 알고 보니, 그는 유명 대학을 나왔음에도 기대만큼 성공하지 못했다. 그래서 열패감에 빠진 듯 보였다. 그걸 감추려고 말도 몸짓도 과하게 하는 것 같았다. 이런 사람을 보면, 복어가 떠오른다. 몸을 우스꽝스럽게 부풀리는 게, 어딘가 모르게 닮아서다.

우리는 '⋯⋯한 사람처럼' 보이고 싶을 때, 다른 사람들에게 인정받고 싶을 때, 가장 먼저 말을 부풀린다. 허세 부리는 일도 본래의 나보다 그럴듯한 사람으로 비치고 싶을 때 나타난다. 진짜는 가짜를 부러워하지 않는다. 진짜는 진짜처럼 보일 필요도 없다. 가짜만 진짜처럼 보이기 위해서 그럴듯하게 포장되고 가공될 뿐

태도, 믿음을 말하다

이다. 그래서 늘 '……한 것처럼' 보이고 싶은 쪽은 진짜가 아니라 가짜다.

신조어 가운데 "어그로 끌다"라는 말이 있다. 사람들의 관심이나 이목을 끌기 위해서 평소보다 자극적인 언행을 일삼는 경우를 가리킨다. 이런 관점에서 보면 최상급 표현을 남발하는 것도 어그로 끌기 위한 하나의 수단이다. 오늘날 '……한 사람처럼' 보이려고 애쓰는 노력이 우리를 더 피곤하게 만들고 갈증 나게 한다. 그렇다. 다른 무엇이나 누군가로 '나'라는 존재에 밑줄 그으려는 시도는 우리를 더 불행하게 만들 뿐이다. 어그로 끌려고 최상급 표현을 남발할수록, 우수한 사람이 되기는커녕 나만 우스운 사람이 된다. 풍선도 계속 부풀기만 하면 터진다. 어그로 끌려다 어그러지는 것도 이러한 이유 때문일 것이다.

우리는 하나님의 유일무이한 작품이다. 이 가치가 얼마나 대단한지 모르면, 허풍을 떨게 되고 허세를 부리게 된다. 그러고 보니, '있어 보이고 싶을 때' 말에 과한 수식어가 늘고 동작에 쓸데없이 힘이 들어갔던 것 같다. "날 좀 보소!"라고 사인을 보냈다고나 할까? '주인공 병'은 나 같은 목회자가 걸리기 쉬운 고질병 가운데 하나다. 이 병에 걸리면 약도 없다는 말이 있다. 얼마나 고치기 어려우면 그럴까 싶다. 나면서 못 걷게 된 사람을 고쳤을 때, 사람들은 베드로와 요한을 주목했다. 이때 베드로는 뭔가 잘못된 걸 직감하고 손사래를 쳤다. 그리고 단호하게 말했다. "왜 우리를 주목하느냐"(행 3:12). 주목받는 일은 굉장히 신나는 일이다. 동시에 가장 위험한 일이다. 이 진리를 자주 까먹어서 문제다.

진짜는 진짜처럼 보일 필요도 없다.
가짜만 진짜처럼 보이기 위해서
그럴듯하게 포장되고 가공될 뿐이다.
그래서 늘 '……한 것처럼' 보이고 싶은 쪽은
진짜가 아니라 가짜다.

태도, 믿음을 말하다

꼭대기에
그만 좀
올라가

((오르는 게 아니라 따르는 거야!))

'권력 의지'는 애나 어른이나 할 것 없이 내면에 잠복해 있는 것 같다. 나는 일찍이 이런 사실을 온몸으로 경험한 적이 있다. 시골에서 살던 때다. 대략 예닐곱 살 무렵인 것으로 기억한다. 어릴 때부터 부모님은 맞벌이를 하셨다. 그래서 우리 형제는 알아서 밥 먹고, 알아서 놀아야 했다. 동네 다른 아이들도 사정은 비슷했다. 매일 비슷한 처지의 아이들끼리 몰려다니며 놀았는데, 항상 누가 대장 노릇 하느냐로 시비가 붙었다. 그러다 사건이 터졌다.

내가 살던 산동네에는 일명 "만석이 바위"라고 불리는 커다란 바위가 있었다. 큰 덩치를 자랑할 뿐만 아니라 꽤 높은 곳에 박혀 있는 탓에, 동네에서 모르는 사람이 없을 정도였다. 오죽하면 바위에 "만석"이라는 이름까지 붙여 주었을까! 그날도 우리는 그 바위 아래 공터에서 놀고 있었다. 그런데 갑자기 한 녀석이 내뱉은 말이 도화선이 되어 아이들 마음에 불을 질렀다. "저기 높은 곳에서 뛰어내리면 장난 아니겠다! 저기에서 뛰어내리는 애는 하나도 없을걸? 안 그래?" 이 말에 서로 눈치만 볼 뿐 선뜻 뛰어내리겠다고 나서는 아이는 없었다. 서로 뛰어 보라고 옆구리만 찌를 뿐이었다.

그러는 중에 한 녀석이 손을 번쩍 들었다. 여기저기에서 환호성이 터졌다. 나도 누군가 싶어 둘러보는데, 이런! 나도 모르는 사이에 내 손이 번쩍 들려 있었다. 속으로 '내가 왜 그랬을까?' 하고 수없이 자책했다. 하지만 이미 물은 엎질러지고 난 뒤였다. 아무래도 "만석이 바위"에서 뛰어내리면, 금세 동네에서 대장 노릇을 할 수 있을 거로 생각한 모양이다. 나도 내 안에 이런 욕망이 있는 줄 몰랐다. 늘 텔레비전 속의 슈퍼맨이 되고 싶었는데, 그런 열망과 바람이 예고 없이 튀어나올 줄은 정말 몰랐다.

+++

동네 아이들이 모두 나를 바라보며 내 이름을 연호하기 시작했다. "조명신! 조명신!" 모두 '빨리 올라가서 뛰어 봐! 너를 보여 줘! 그러면 너를 인정해 줄게!'라는 눈빛으로 바라보는 것 같았다. 서서히 걸음을 옮기는데, 다리가 천근만근이었다. 바위가 가까워질수

태도, 믿음을 말하다

록 다리가 후들후들 떨렸다. 게다가 내 안에서는 두 마음이 싸우기 시작했다. '여기에서 그만둔다고 할까? 이 높은 곳에서 뛰어내리면, 다리가 부러질지도 몰라!' '아니야. 눈 질끈 감고 뛰어내리면, 넌 여기에서 영웅이 될 수 있어. 다들 너를 대단하게 쳐다볼 거야! 영웅이 될 수 있는 절호의 기회라고!' 결국 평생 겁쟁이로 사는 게 두려운 나머지, 뛰어내리기로 마음먹었다.

밑에서 바위를 올려다볼 땐, 뛰어내릴 수 있을 것 같았다. 그런데 막상 바위 위에 올라 아래를 내려다보니, 생각보다 훨씬 높아 보였다. 떨리는 몸과 마음을 들킬까 싶어 연신 큰소리를 쳤다. "잘 봐. 이제 뛰어내린다! 내가 여기서 뛰어내리면 내가 우리 동네에서 대장이다! 알았지?" 동네 아이들도 고개를 끄덕이며 박수로 화답해 주었다. 어떤 녀석은 '진짜 뛰어내리나 봐!' 하는 눈빛으로, 또 어떤 녀석은 '에이, 설마 뛰어내리겠어?' 하는 눈빛으로 바라봤다. 아이들의 기대에 부응하기 위해 나도 한 번에 멋있게 뛰어내리려고 했다. 그래서 큰소리도 뻥뻥 쳤다. 그런데 도무지 다리가 말을 듣지 않았다. 두 다리는 꼼짝도 하지 않으면서 계속 입에서는 허세 가득한 말이 튀어나왔다. "잘 봐. 이제 뛰어내린다. 진짜야! 잘 봐!"

╬╬╬

나는 그렇게 장장 30분가량을 바위 위에서 쇼를 하고 있었다. "잘 봐. 이제 뛰어내린다. 이번에는 진짜야! 잘 봐! 나중에 딴소리하기 없기다!" 내가 "만석이 바위"에서 뛰어내린다는 소문을 듣고, 그 사이 동네의 다른 아이들까지 달려와 구경하고 있었다. 진짜 빼도 박도 못하는 상황이 되어 버린 것이다. 시간이 지연되자, 웅성웅성거리는 소리가 들렸다. "쟤, 지금 겁나서 그러는 거야. 내가 그럴 줄 알았어. 쟤가 뛰어내리면 내 손에 장을 지진다!"

순간 이래 죽으나 저래 죽으나 마찬가지라는 생각이 들었다. 속으로 '에라, 모르겠다!'를 외치며, 마치 심청이가 인당수에 몸을 던져 뛰어내리듯 바위 아래로 뛰어내렸다. 다행히 하나님이 보우하사 죽지는 않았다. 그렇다고 다리도 부러지지 않았다. 나를 둘러싼 아이들이 연신 "조명신! 조명신!" 하고 나의 이름을 연호하기 시작했다. 나는 '뭐 이쯤이야!'라는 허세 가득한 얼굴로, 옷에 묻은 흙을 털어 냈다. 어깨는 이미 하늘을 향해 한껏 솟아 있었다. 그런데 영웅이 된 지 얼마 되지도 않았는데, 여기저기에서 "쟤가 뛰어내리면 나도 뛰어내릴 수 있어!" 하며 아이들이 바위에서 뛰어내리기 시작했다. 이렇게 동네 대장 노릇은 '3분 천하'로 허무하게 끝나 버렸다.

+++

이 땅에 사람으로 오신 예수님도 성전 꼭대기에서 뛰어내리라는 유혹을 받으셨다.

태도, 믿음을 말하다

"또 이끌고 예루살렘으로 가서 성전 꼭대기에 세우고 이르되 네가 만일 하나님의 아들이어든 여기서 뛰어내리라"(눅 4:9).

성전 꼭대기는 예루살렘에서 가장 높은 곳이자 많은 사람의 이목을 끌기에 더할 나위 없는 곳이었다. 사탄은 "그런 성전 꼭대기에서 뛰어내리면, 모두가 너를 하나님의 아들로 인정할 거야!"라고 예수님을 유혹한다. 예수님은 '하나님의 아들' 되심을 그런 방식으로 증명하기를 거부하셨다.

예수님이 이 땅에 사시는 동안 높이 오르신 건, 기도하러 산에 오르셨을 때와 십자가에 달리셨을 때뿐이었다. 왕이라는 자리가 아니라 십자가에 높이 달리심으로 메시아 되심을 보여 주셨다. 세상과는 정반대 원리로, 낮아지심으로 높아지셨다. 우리는 이런 사실을 잊어버리고, 꼭대기에 오르는 일에만 온통 관심이 많다. 예수님은 '자기 십자가'를 지고 따르라고 하셨지, 만석이 바위 같은 곳에서 뛰어내리라고 한 적이 없으시다. 오르는 데만 정신이 팔리면, 예수님을 따르는 사람으로 살 수 없다. 제자는 오르거나 뛰어내리는 사람이 아니다. 따르는 사람이다. 이것이 "만석이 바위"에 목숨 걸고 오르지 않아도 되는 이유다.

예수님이 이 땅에 사시는 동안 높이 오르신 건,

기도하러 산에 오르셨을 때와

십자가에 달리셨을 때뿐이었다.

태도, 믿음을 말하다

하마터면
기분 나쁜 티를
팍팍 낼 뻔했다

((같은 문제를 계속 되풀이하는 이유))

세 아들이 초등학생이라 그런지, 손이 가는 게 한둘이 아니다. 아내가 전날 아이들 등교를 준비해 놓지만, 그래도 아침만 되면 챙겨 줘야 할 것이 산더미다. 누누이 말해도 귓등으로 흘려듣는지 준비물을 빼먹고 가기 일쑤다. 아직 어리니까 싶으면서도 잔소리하게 된다. 아이들은 뻔한 말, 당연한 말을 반복할 때 잔소리라 생각한다. 이걸 알면서도 한두 마디를 더 얹게 된다. 부모에게는 이런저런 말이 아이들을 좀 더 바른길로 안내할 거라는 환상이 있는 것 같다.

나무도 사람 손을 많이 타면 홀로 굳게 설 수 없듯이, 사람도 간섭을 많이 받으면 홀로 올곧게 설 수 없다. 크고 작은 일에 시시콜

콩 감 놔라 배 놔라 하는 태도는 잘되기를 바라는 마음에서 나온다. 그렇지만 오히려 스스로 서지 못하도록 방해할 때가 많다. 이 과정에서 관계가 뒤틀리고 꼬인다. 생선을 구울 때 자주 뒤집으면, 정작 나중에는 먹을 살이 없다. 마찬가지로 매번 지적하면서 들들 볶으면 멀쩡한 사람도 남아나지 않는다.

지적을 많이 한다고 해서 효과가 좋은 건 아니다. 오히려 안 하느니만 못할 때가 더 많다. 그렇다고 같은 잘못이나 실수를 반복하는데 침묵으로 마냥 두고 볼 수도 없는 노릇이다. 이때는 들을 귀가 있는지를 잘 분별해서 조언해 주는 편이 낫다.

내가 생각하는 '들을 귀 있는 사람'은 잘못을 지적해 주기 전에 자신의 문제를 알고 수정하려는 사람이다. 무슨 잘못을 했는지 모르는 것 같아 말해 주면, 기분 나쁘더라도 고치려고 애쓰는 사람이다. 잘못하거나 실수한 곳에 빨간색으로 표시하고 재발 방지를 위해 노력하는 사람이다. 그러나 들을 귀가 없는 사람은, 당최 자신의 문제가 무엇인지 모른다. 콕 집어 말해 줘도 왜 그게 문제인지 모른다. 문제의식이 없으니 같은 문제를 계속 되풀이한다. 그러면 주변에서 손을 떼게 되어 더 고립되는 악순환에 빠진다. 예수님이 말씀하신 '들을 귀'도 이와 연장선에 있다고 생각한다. 말씀을 듣고 마음에 찔려 자신의 문제와 맞닥뜨린다면, 그래서 '우

태도, 믿음을 말하다

리가 어찌할꼬'라는 반응을 보인다면, 그 사람이 바로 들을 귀 있는 사람이기 때문이다.

┼┼┼

주변에 나를 책망해 주는 사람이 없다면 거기에는 몇 가지 이유가 있다. 내가 정말 잘해서거나, 아니면 기회를 주면서 그냥 넘어가 주거나, 그것도 아니면 포기했거나. 요즘은 너도나도 다 잘난 시대다. 그래서 뭔가 말을 해줘도 꼰대처럼 바라본다. 나도 여기에서 예외는 아니다. 그대로 시인하기보다는 어쩔 수 없었다는 반응부터 하고 보니 말이다. 물론 사사건건 트집 잡는 사람도 있고, 자기 할 일도 제대로 못하면서 간섭하는 '프로 참견러'도 있다. 이런 경우가 아니라면, 누군가 내 문제를 콕 집어 줄 때 정말 그러한가 하여 돌아보려고 애쓰는 편이다. 그렇다고 기분까지 좋은 건 아니다.

우리는 은연중 꼰대의 기준을 남에게 충고하는 것으로만 판단하는 경향이 있다. 정말 그럴까? 김혼비 작가는 「다정소감」(안온북스 펴냄)에서 이렇게 말했다.

> "남에게 충고를 하지 않음으로써 자신이 꼰대가 아니라고 믿지만, 남의 충고를 듣지 않음으로써 자신이 꼰대가 되어 가는 걸 모르고 사는 것. 이게 가장 두렵다."

태도, 믿음을 말하다

한마디로, 함부로 충고하는 사람 못지않게 충고해 주어도 듣지 않는 사람이 더한 꼰대라는 것이다. 충고를 들을 때 기분이 좋을 리 없다. 예의를 갖춰서 말해도 말이다. 그렇다고 귀를 닫아 버리면 나만 손해다. 잘못이나 실수를 개선하는 기회가 막히기 때문이다.

요즘은 꼰대라는 소리를 들을까 싶어서, 뻔히 잘못되고 있는데도 다들 쉬쉬한다. 더군다나 한 소리 들었다고 기분 나쁜 티를 팍팍 내면, 더는 상관하지 않는다. 어떻게 되든 그냥 내버려 둔다. 하지만 일단 듣고 '정말 그럴까?'라는 태도로 반응하면, 나를 주시하던 사람들이 다가와 꿀조언(노하우와 팁)을 나누어 준다. 하나라도 더 배우려는 태도를 지녔는데, 예뻐하지 않을 사람이 있을까? 충고도 충고 나름이지만, 일단 들으려고 하면 얻을 게 많다.

들을 귀가 없는 사람은
당최 자신의 문제가 무엇인지 모른다.
콕 집어 말해 줘도 왜 그게 문제인지 모른다.
문제의식이 없으니
같은 문제를 계속 되풀이한다.

불편해도
너무
불편하다

((냄새나는 고난은 처음입니다만))

오래전, 그날만 생각하면 지금도 아찔하다. 수요 기도회를 앞두고 생각하기도 싫은 일이 벌어졌다. 여느 때처럼 저녁 식사를 마치고 기도회를 준비하고 있는데, 전도사님이 헐레벌떡 사무실로 뛰어들어왔다. "목사님! 목사님! 누가 걸레 빠는 개수대실에 똥을 싸고 갔어요!" 수요 기도회를 한 시간 앞두고 벌어진 일이었다. 전도사님 두 분은 찬양을 준비하러 본당에 올라가야 하는 상황이었다. 이 말인즉슨, 오롯이 나 혼자 이 사건을 해결해야 한다는 뜻이었다. 얍복강의 야곱처럼 홀로 남은 심정이었다. 먼저 올라가서 찬양을 준비하라고 이야기하고, 혼자 사건 현장으로 달려갔다. 성도들이 오기 전에, 한시라도 빨리 사태를 해결하는 게 급선무였다.

태도, 믿음을 말하다

급하게 볼일을 본 흔적이 고스란히 남아 있었다. 살포시 떠서 치울 수 없는 상황이었다. 촉박한 시간에 이것저것 따질 것도 없었다. 개수대에 걸려 있는 빨간 고무장갑을 끼고 문제의 흔적을 쓸어 담았다. 흔적을 치우는 내내 속이 메스꺼웠다. 흔적만 남기고 도주한 범인이 한없이 원망스러웠다. '주님, 이건 해도 해도 너무한 것 아닙니까?'라는 볼멘소리가 속에서부터 터져 나왔다. 다행히 성도들이 교회에 도착하기 전에, 사태를 모두 마무리 지을 수 있었다.

처음 사건 현장의 참상을 봤을 땐, 그냥 신문지나 다른 걸로 덮어 놓고 나중에 다른 사람에게 치우라고 하고 싶었다. 목회 연차를 앞세워 불편을 떠넘기고 싶었다. 그런데 '나도 싫은 일이라면, 다른 사람은 얼마나 싫을까?' 하는 생각이 들면서, 그 꼼수를 접었다.

똥과 관련해서는 이보다 더한 사건도 있었다. 신학대학원 시절, 캠퍼스에서 전도한 청년을 생활관에 초대해서 교제를 나눈 적이 있다. 한 시간 남짓 지나자, 청년은 화장실 좀 이용하겠다고 하더니 한참을 나오지 않았다. 그러더니 화장실에서 나오자마자 서둘러 급한 약속이 있다며 황급히 빠져나갔다.

5분쯤 지났을까? 함께 생활하던 동생이 다급한 목소리로 부르는 소리가 들렸다. "형! 형! 빨리 와 봐요!" 소리가 들리는 쪽은 화장실이었다. '설마, 아니겠지……' 하는 마음으로 갔더니, 변기가 꽉 막혀 있었다. 이제야 그 청년이 왜 황급히 사라졌는지 이해되었다. '아무리 그래도 그렇지. 변기가 막혔으면 얘기라도 하지!' 어쩔 줄 모르는 동생에게, 형이 알아서 하겠다며 안심시켰다.

그때 쉽게 생각한 것이 큰 실수였다. 온갖 방법을 동원해도 막힌 변기는 뚫릴 기미가 보이지 않았다. 눈앞에 놓인 참상과 냄새 앞에서 신앙에 깊은 회의를 느꼈다. '살다 살다, 똥 때문에 신앙에 회의를 느낀 건 또 처음이네!' 결국 빨간 고무장갑을 끼고 변기에 손을 넣고는, 어찌어찌 해결했다. 샤워하고 방에 홀로 누워 있는데 헛웃음이 나왔다. 똥 때문에 냄새나는 고난을 겪으리라고는 생각조차 못한 일이었다.

+++

고난에는 지저분한 고난, 냄새나는 고난도 있다는 걸 그때 처음 알았다. 그리스도인으로 산다는 건, 어쩌면 불편한 일에 익숙해지는 건지도 모른다. 그리스도인으로 살고 싶지만 그렇게 살지 못하는 데에는, 편하기를 마다하고 불편을 감수해야 할 때가 많기 때문이다.

특별히 요한복음 13장은 누군가 불편을 감수하지 않으면, 서로 눈치만 살피는 일이 벌어진다는 사실을 보여 준다. 제자들은 서로의 발이 지저분하다는 사실을 감지하고 있었다. 그러나 서로 눈치만 살필 뿐, 누구도 선불리 나서지 않았다. 종(노예) 취급을 받으면서까지 발을 씻어 주기엔 불편해도 너무 불편했다. 그럴 바엔, 차라리 그냥 지저분하고 냄새나는 상태로 지내는 불편함이 더 나았다. 이때 예수님이 불편한 자리에 서서 제자들의 발을 씻기신다. 스승이 제자들의 발을 씻기는 일은 당시 문화로는 도저히 상상할 수 없었다. 예수님은 세족을 통해 보여 주셨다. 불편해지는 것을 불편해하면 결코 섬길 수 없다는 걸.

+++

나는 목회자임에도 매번 섬기고 배려하는 일이 어색하고 불편하다. 종일 세 아들을 보느라 지친 아내를 대신해 '집에서 먼저 청소기를 돌리는 것도, 먼저 저녁을 준비하는 것도, 먼저 애들을 씻기는 것도' 여전히 불편하다. 집 밖에서도 사정은 비슷하다. 사무실에 출근해서 먼저 커피 내리는 것도 불편하고, 회식할 때 먼저 집게를 들고 고기 굽는 것도 불편하고, 먼저 가습기에 물을 보충하는 것도 불편하다(사실 매번 내가 하는 것도 아니다).

새로 산 구두도 편하게 신고 다니기까지는 한동안 불편을 견뎌야 한다. 그래야 길들인 구두를 편하게 신고 다닐 수 있다. 그리스도인으로 살아가는 것도 이와 같지 않을까 싶다. 그리스도인으로 익숙하게 살기 위해서라도 불편을 견디는 시간이 필요하다.

그리스도인으로 산다는 건,
어쩌면 불편한 일에 익숙해지는 건지도 모른다.
그리스도인으로 살고 싶지만
그렇게 살지 못하는 데에는,
편하기를 마다하고
불편을 감수해야 할 때가 많기 때문이다.

태도, 믿음을 말하다

영혼 좀
그만 갈아
넣으세요

((왜 자꾸 본전 생각이 날까?))

느닷없이 한 방 먹을 때가 있다. 하루는 <세바시>를 보는데, 미국 존스홉킨스대학교 의과대학 소아청소년정신의학과 지나영 교수의 "자식은 잘 키우려고 낳는 게 아니에요!"라는 제목의 영상을 보게 되었다. 지나영 교수는 5년 동안 난임 치료를 받았지만, 아이를 갖지 못했다고 한다. 어느 날 친정 엄마에게 "아이가 있으면 진짜 잘 키울 것 같은데……"라고 아쉬움을 토로했다. 그런데 예상치 못한 대답이 돌아왔다. "자식은 잘 키우려고 낳는 게 아니야. 자식은 사랑하려고 낳는 거야." 지나영 교수도 예상치 못한 말에 한 방 먹은 것처럼 보였다. 나 역시 아이를 키우는 아빠인 탓에, 남의 일처럼 들리지 않았다.

많은 부모가 자식을 사랑하고 위한다는 이유로, 자기 인생을 송두리째 바친다. 엄밀하게 말하면, 사랑으로 포장한 욕심일 때도 많은데 말이다. 자녀의 성공이 곧 부모의 성공이라는 생각에 사로잡히면 순서가 바뀐다. 자식이 잘되는 것보다, 잘된 자식을 둔 부모가 되는 것이 더 중요해지기 때문이다. 내가 한 방 먹었다고 표현한 것도 이러한 이유 때문이다.

"엄마 아빠가 그동안 해 준 게 얼만데, 왜 너는 그것밖에 못하니?" 자식이 잘되기를 바라며 인생을 바친 부모들이 자주 하는 말이다. 우리는 이 말에서 사랑보다 '희생과 헌신'을 더 크게 느낀다. 자식을 사랑해도 헌신하고, 잘 키우려고 해도 헌신한다. 그런데 결정적인 차이가 있다. 사랑으로 하면 그 자체로 뿌듯하고 흐뭇하지만, 잘 키우려는 동기로 하면 '투자 대비 성과'라는 관점에서 셈한다는 것이다. 그러면 자꾸 '본전'이 생각난다. 이때, 부모도 자식도 함께 불행해진다.

전에는 "뼈를 묻겠습니다!"라고 말하면 환영받았다. 요즘은 "영혼까지 갈아 넣겠습니다!"라고 말한다. 한때는 이 말이 멋진 고백인 줄 알았다. 지금은 이렇게 말하지도 않을뿐더러, 이렇게 말하는 사람이 부담스럽다. 과잉 충성하는 사람이 꼭 사고를 치기 때문이다. 뼈와 영혼을 갈아 넣을 수 있는 사람은 없다. 설령 그렇다 쳐도

태도, 믿음을 말하다

부작용이 뒤따른다. 이런 정신과 태도로 자기 일에 최선을 다하는 사람을 보면 '참 괜찮은 사람'처럼 보인다. 문제는 '내가 이 일을 위해 희생한다!'라는 생각 때문에, 적절한 대가나 보상이 따르지 않으면 쉽게 마음이 꺾인다는 것이다.

오래전에 있었던 일이다. 한 동료가 다른 곳으로 떠나면서, 평소 같지 않게 서운한 티를 팍팍 냈다. 친절하던 태도는 금세 까칠한 태도로, 최선을 다하려던 자세는 어느새 대충하는 자세로 변해 있었다. 얼굴에도 불만이 가득했다. 무엇이 그렇게 서운했던 것일까? 누구보다 열심히 했는데, 그만한 대가를 받지 못했다고 생각한 듯 보였다. 의아했다. 열정 페이도 아니요, 더 묵묵히 신실하게 사역하는 분도 많았기 때문이다. '나를 희생했다', '내가 헌신했다'라는 태도로 일하면, 항상 본전이 생각난다. 그래서 기대만큼 보상해 주지 않으면 쉽게 토라진다.

헌신한다고 생각하면, 자꾸 본전이 생각난다. 칭찬과 반응과 대우에 집착하게 된다. '내가 이만큼 헌신했는데 어떻게 나한테 이럴 수 있어?'라는 생각에 빠지게 된다. 나 역시 이때가 가장 서운했던 것 같다. "헌신했다!"라는 말은, 적어도 사랑하는 사이에서만큼은 모욕적으로 들린다. 사랑에 값을 매기려 할 때 얼마나 불쾌한지 생각해 보라. 의무로 하는 사람도, 헌신으로 하는 사람도, 사랑으로 하는 사람을 이길 수 없다.

분명한 사실은 이거다. 예수님은 희생정신이 아니라 사랑으로
십자가를 지셨다는 것. 일에 영혼을 갈아 넣으면 탈진하게 마련이
다. 나란 존재는 온데간데없고 일밖에 남지 않는다. 그때는 누구
를 원망해도 소용없다. 그러니 무슨 일을 하든지 사랑을 넣어야
한다. 예수님이 베풀어 주신 사랑 말이다. 사랑으로 하면 같은 일
을 해도 다르다.

> '나를 희생했다', '내가 헌신했다'라는 태도로 일하면,
> 항상 본전이 생각난다.
> 그래서 기대만큼 보상해 주지 않으면 쉽게 토라진다.
> 무슨 일을 하든지 사랑을 넣어야 한다.
> 예수님이 베풀어 주신 사랑 말이다.
> 사랑으로 하면 같은 일을 해도 다르다.

태도, 믿음을 말하다

우리가
찌질해지는
순간

((다시 회복해야 할 능력))

부모만큼 자식이 잘되길 바라는 사람이 또 있을까? 자식은 부모의 자랑이기 때문에 자식의 잘남과 잘됨은 곧 부모의 잘남이요 잘됨이다. 자식은 부모의 복사판을 넘어 확장판이다. 그렇다면 부모를 제외하고, 우리의 형통을 마음 다해 기뻐해 주는 사람이 얼마나 될까? 사랑하는 형제나 가까운 친구라면 가능하지 않을까? 그런데 꼭 그런 것만도 아니다. 원수나 라이벌은 그렇다 쳐도, 의외로 가깝고 친한 사람들이 더 마뜩잖은 표정을 짓는 경우도 많다.

+++

내가 사랑하고 좋아하는 사람이 잘 먹고 잘살면 얼마나 좋을까?

나를 내세우지 않고 섬기는 태도, 겸손   **147**

하지만 그것도 내가 그 사람보다 '조금'이라도 더 잘 먹고 잘살 때나 하는 얘기다. 내가 비참하고 비루하게 사는데 다른 사람을 마음껏 축하해 준다? 솔직히 나는 자신 없다. 앞에서는 내 일처럼 좋아하다가도 뒤돌아서서 왠지 모를 씁쓸함에 사로잡힐 때가 있는가? 만약 그렇다면 아마도 나와 비슷한 이유일 것이다. 이걸 참고한다면, 진짜 나를 사랑하고 아끼는 사람을 구별하는 방법은 의외로 간단하다. '나의 잘됨을 마치 자기 일처럼 기뻐하고 주변에도 나에 대해 호평하는지'를 보면 알 수 있다. 이와 다르게 뒤에서 나의 잘됨과 형통을 평가절하한다면, 그런 사람은 그동안 무늬만 친구였던 게 분명하다. 몇 년 전에 방송된 <별에서 온 그대>라는 드라마를 보면, 천송이(전지현 분)가 이런 대사를 하는 장면이 나온다.

> "사람 심리가 딱 그렇다더라. 나보다 좋아 보이는 곳에 있는 사람을 보면, '아, 나도 거기로 가야겠다'가 아니라 '너도 내가 있는 구렁텅이로 내려와라, 내려와라' 한대.
> 미안하지만 나는 거기 안 내려가, 네가 사는 그 구렁텅이. 누구를 질투하면서 미워하는 지옥에 빠져 사는 짓, 나는 안 해.
> 그러니까 나한테 내려와라 내려와라 손짓 같은 거 하지 마."

누군가 잘나가는 것을 보면 득달같이 달려드는 사람이 있다. 게다가 나와 상관없는 사람인데도 죽기 살기로 악플을 다는 사람

태도, 믿음을 말하다

도 있다. 그런 사람의 마음에는 '나도 거기로 가야겠다!'보다는, '너도 내가 있는 구렁텅이로 내려와라!'라는 심보가 자리하고 있다. '내가 이렇게 사는데 어떻게 너는 그렇게 잘살 수 있느냐?'라고 생각하는 것이다. 참 못난 모습이다. 일종의 "크랩 멘탈리티"(Crab Mentality)라고 할 수 있다. 이 말은 자신이 가질 수 없으면, 아무도 가질 수 없게 만드는 행동을 가리킨다. 실제로 게들은 서로 조금만 돕거나 양보하면 양동이에서 충분히 탈출할 수 있는데도, 서로 붙잡고 놔주지 않아서 결국 탈출하지 못한다고 한다. '내가 안 되면, 너도 안 돼! 내가 못하면, 너도 못해!'라는 식이다. 이는 상생이 아니라 공멸로 이끈다. 결국 다시 바다로 나가지 못하고 함께 식탁에서 최후를 맞이하니 말이다.

나는 세례 요한을 볼 때마다, 볼수록 매력 있는 참 괜찮은 그리스도인이라는 생각이 든다. 그의 됨됨이는 "그는 흥하여야 하겠고 나는 쇠하여야 하리라"(요 3:30)에서 빛을 발한다. 진짜 친구는 바로 이런 사람을 두고 하는 말이 아닐까? 나보다 잘되는 모습을 보고도 기뻐할 줄 아는 능력, 나보다 잘나가는 모습을 보고도 응원할 줄 아는 능력, 이것이야말로 오늘날 우리와 우리가 속한 공동체가 회복해야 할 능력이다. 우리 그리스도인의 진실함은 무엇으로 기뻐하는가를 통해서 드러난다. 내 주위에 나보다 잘난 사람이 없다면, 어쩌면 내가 그 꼴을 보지 못해서일지도 모른다. 괜찮은 사람 곁에는 늘 괜찮은 사람이 많다는 걸, 우리는 종종 잊고 사는 것 같다.

나보다 잘되는 모습을 보고도
기뻐할 줄 아는 능력,
나보다 잘나가는 모습을 보고도
응원할 줄 아는 능력,
이것이야말로 오늘날 우리와 우리가 속한 공동체가
회복해야 할 능력이다.

태도, 믿음을 말하다

섬김은 자존심 따위는
잠시 주머니에 넣을 각오부터 해야 가능한 일이다.
남들이 꺼리는 일조차
기꺼이 해야 할 수 있는 일이다.

5장

다른 이를 향한 너그러운 태도,
관용

기도가
태도가
되게 하라

((뚜껑이 열리려고 한다면))

인간은 관계를 떠나서는 살 수 없는 존재다. 시간이 때와 때 사이라면, 인간은 사람과 사람 사이라고 했다. 아무리 '나홀로족'이 늘고 있다지만, 하나님이 창조하신 인간은 관계를 떠나 살 수 없다. 우리가 살아가는 인생은 위로는 하나님과의 관계를, 좌우로는 다른 사람들과의 관계를 씨줄과 날줄처럼 직조해 나가는 여정이다. 그러고 보면, 그리스도인만큼 사람과 사람 사이에서 지극히 '인간적으로' 살아야 하는 사람도 없다.

다양한 관계는 우리가 가진 신앙의 정체를 드러낸다. 또한 그 여정은 우리를 성장과 성숙의 길로 이끈다. 철이 철을 날카롭게 하는 이치라고나 할까? 그러나 안타까운 사실이 있다. 친구는 우

태도, 믿음을 말하다

리가 취사선택해서 만날 수 있지만, 일터에서 만나는 사람은 그렇게 할 수 없다는 것이다. 일터는 우리가 선호하는 사람들만 있는 게 아니다. 기피하고 꺼리는 사람들까지 골고루 존재한다. 비율로 따지면, 나와 결을 같이하는 사람보다 날을 세우는 사람이 더 많다.

+++

아이스크림처럼 내 입맛에 맞는 사람들만 골라서 함께 일할 수 있다면 얼마나 좋을까? 하지만 어디를 가나 상식을 벗어난 사람이 꼭 있다는, 일명 '돌아이 질량 보존 법칙'에 따르면 그런 일은 불가능하다. 이 말인즉슨, 나와 맞지 않는 이질적인 사람들과 때로는 협업하고 때로는 씨름해야 한다는 걸 의미한다. 이 과정에서 발생하는 관계의 마찰은 우리를 다듬기도 하지만 욱하게도 만든다.

「기분이 태도가 되지 않으려면」(RISE 펴냄)은 한동안 베스트셀러에 오른 책이다. 왜 많은 독자에게 사랑받았을까? 기분 내키는 대로 했다가 후회한 경험이 누구에게나 있기 때문은 아닐까? 기분이 태도가 되면, 그래서 뚜껑이 열리면 잠시 잠깐 속은 시원할 수 있다. 그러나 시원함 이상으로 후회와 후폭풍으로 몸살을 앓아야 한다. 기분이 태도가 되지 않으려면, 어떻게 하면 좋을까? 북받쳐 오르는 감정이 태도가 되지 않으려면, 그 순간 기도하면 좋다. 기분이 아닌 기도가 태도가 되게 해야 한다. 물론 흥분된 감정을 잠재우고 자존심을 꺾는 일이기에 쉬운 일은 아니다.

언젠가 새벽 기도회 시간에 "기분이 태도가 되지 않으려면, 그 순간 기도해야 합니다!"라고 말씀을 전했다. 그런데 하필 그날 어이없는 일이 두 번이나 연달아 터졌다. 아무리 작은 것도 일단 감정이 개입되면, 신발에 들어간 작은 돌처럼 은근히 우리를 괴롭힌다. 돌아보면 별일 아니었지만, 감정과 신경을 건드리는 일이었기에 그냥 참고 넘기기 힘들었다. 이러다 정말 욱하면서 뚜껑이 열릴 것만 같았다.

때마침 그날 새벽에 전한 말씀이 생각났다. "기분이 태도가 되지 않으려면, 그 순간 기도해야 합니다. 기분이 아닌 기도가 태도가 되게 하십시오!" 기도로 감정을 추스르면서, 나와 그에게 집중된 기분과 감정을 조금씩 하나님께 돌리기 시작했다. 그분 앞에서 투정도 부리고, '어떻게 이럴 수 있습니까? 이러면 안 되는 거잖아요!'라고 하소연도 하면서 말이다. 기도로 하나님과 씨름하는 동안 욱하던 감정이 풀리면서, 가시 돋친 생각도 한풀 꺾이는 게 느껴졌다. 기분이 아닌 기도가 태도가 되는 순간이었다.

감정은 폭탄과 같다. 그래서 일단 터지면, 자신은 물론이거니와

태도, 믿음을 말하다

주변 사람들까지 피해를 본다. 다윗이 쓴 시편을 보면, 자기를 괴롭히는 악당들을 좀 어떻게 해달라는 탄원시가 몇 편 있다. 이 탄원시는 다윗이 억울한 감정과 기분을 기도로 풀어 나가는 모습으로 가득하다. 다윗도 사람인데 어찌 들이박고 싶지 않았을까?

기도는 불편한 기분을 풀어 주면서 나쁜 생각을 순화시킨다. 최악의 상황으로 치닫지 않도록 말려 준다. 세상 사람들이 참을 인을 세 번 되뇌면서 화를 삭인다면, 우리는 그 순간 기도해야 하지 않을까? 기분이 아닌 기도가 태도가 되고 싶다면 말이다. 하나님은 기도로 기분을 전환하는 사람에게 기도가 태도가 되는 은혜를 주신다.

기도로 하나님과 씨름하는 동안
욱하던 감정이 풀리면서,
가시 돋친 생각도 한풀 꺾이는 게 느껴졌다.
기분이 아닌 기도가 태도가 되는 순간이었다.

마상에
바르는
특효약

((사람에게 데도 자국이 남는다))

불에 데면 몸에 화상이 남지만, 사람에게 데면 마음에 상처가 남
는다. 주변을 보면 유난히 경계의 눈초리를 하고 쳐다보는 사람,
늘 남의 눈치를 보느라 신경이 곤두서 있는 사람, 무슨 말을 하든
지 일단 의심부터 하는 사람이 있다. 성격과 기질 못지않게, 가까
운 사람에게 덴 게 원인인 경우도 있다.

부모님이 믿었던 사람에게 사기당한 걸 보고 자란 친구가 있었
다. 이후로 사람을 쉽사리 믿지 못하게 되었다고 한다. 또한 믿고
마음을 열었다가 약점이 잡혀서 뒤통수를 맞은 사람도 있었다. 그
일로 사람을 경계하게 되었다고 한다. '마상'(마음의 상처)을 입은
후유증이다. 사람에게 크게 데고 나면 마상을 입는 데 그치지 않

태도, 믿음을 말하다

는다. 사람이라는 존재에 염증을 느끼게 된다. 혐오로까지 발전하면 결국 인간관계에 차단기를 내려 버린다. 대체로 고립은 이때부터 시작된다. 지금까지 예수님께 실망해서 떠난 사람은 많지 않았다. 대부분 예수님을 믿는다는 사람들 때문에 떠났다.

┼┼┼

우리는 마상 입은 사람을 보면, "하나님께 은혜를 구하라!"고, 그러면 금방 괜찮아질 거라고 쉽게 이야기한다. 사람은 믿을 게 못 되기 때문에, 하나님만 믿으라고 말한다. 틀린 말은 아니다. 그러나 이런 말들은 마음에 큰 상처를 입은 사람에게는 별 도움이 되지 않는다. 오히려 더 깊은 상처만 준다. 믿었던 사람에게 데어서 아픈 것도 힘든데, 믿음 없는 사람으로 낙인찍힌다고 생각해 보라. 그게 더 힘들고 고통스럽다.

하나님은 우리를 위로하신다. 직접 위로하실 때도 있지만, 많은 경우 사람을 통해 위로하신다. 믿음 좋은 다윗도, 바울도 많은 사람에게 데었다. 배신도 많이 당했다. 하지만 다른 한편으로는 사람을 통해 위로받았다. 따라서 누군가 우리에게 다가와 덴 자국을 보여 준다면 "기도하세요. 믿음으로 이겨 내세요"라고 말하기 전에, 하나님이 내게 위로하라고 보낸 사람은 아닌지 돌아봐야 한다. 이런 생각을 해 보지도 않고 너무 쉽게 "하나님은 당신을 사랑하십니다. 하나님께 은혜를 구하세요"라고 말한다면, 위로할 책임

까지 전부 하나님께 떠넘기고 있는 것이다.

✛✛✛

종종 괜찮은 사람을 만나서 위로받을 때가 있다. 하나님의 따뜻한 손길은 그런 사람을 통해서 전해진다. 그래서 나는 사람에게 덴 상처에 가장 좋은 특효약이 있다면 사람이라고 생각한다(물론 나도 안다. 참된 위로는 위로부터 온다는 사실을). 사람에게 위로받으려고 매달리라는 게 아니다. 사람에게 중독되면 하나님은 뒷전으로 밀려나니까 말이다.

> "많은 사람이 인생의 마디마디에서 등을 밀어 주고 때로는 등을 토닥여 준 덕분에 여기까지 올 수 있었겠지요. 내 등에는 분명 많은 따뜻한 사람의 손자국이 또렷이 찍혀 있을 겁니다."

요시타케 신스케의 「결국 못하고 끝난 일」(온다 역간)에 나오는 손난로 같은 문장이다. 내 등에도 하나님이 보낸 분들의 따뜻한 손자국이 수없이 찍혀 있다. 등이라 잘 보이지 않고 쉬이 까먹어서 그렇지, 누구에게나 따뜻한 손자국은 찍혀 있다.

나를 진정으로 위로해 준 사람, 다시 살아갈 용기를 북돋아 준 사람, 그래도 살 만한 세상이라는 생각을 품게 해 준 사람을 만났다면 복 받은 것이다. 하나님께 받은 위로로 위로할 줄 아는 사람을 만났는가? 그렇다면 당연하게 여기지 말고 고마운 마음을 품기를 바란다. 떠난 뒤에 후회하지 않으려면 말이다.

하나님은 우리를 위로하신다.
직접 위로하실 때도 있지만,
많은 경우 사람을 통해서 위로하신다.

태도, 믿음을 말하다

쓸데없이
피곤하게
사는 일

((관계를 사유화하려는 시도))

"너 앞으로 쟤랑 얘기하지 마! 알았어?"

군대를 전역하고 복학하기까지, 어느 외국계 회사에서 파트타임으로 일했다. 그날도 여느 때처럼 부서 구석에 있는 서류 창고에서 문서를 분류하고 있었다. 그런데 부서 직원이 와서 다짜고짜 부당한 요구를 하는 것이었다.

우리 부서는 오다가다 마주치면 환한 미소로 서로 고생이 많다고 인사할 정도로 분위기가 좋았다. 하지만 그건 순전히 나만의 착각이었다. 대부분이 슬기로운 회사 생활을 위한 자본주의 멘트와 미소였다. 겉으로는 모두 웃고 있지만, 속으로 일거수일투족을 관찰하면서 메신저로 뒷담화하고 있었다.

그날은 나와 동갑내기인 한 직원이 무슨 이유에서인지 직장 내 따돌림을 당하고 있었다. 미운털이 단단히 박힌 듯 보였다. 알고 보니, 나는 그 직원을 완벽하게 고립시키기 위한 마지막 퍼즐이었다. 내 대답을 기다리는 직원의 얼굴에는 "거부하면 너도 그렇게 될 줄 알아!"라고 쓰여 있었다. "노"(No)라고 하면 가시밭길이 뻔히 예상되었다. 그렇다고 부당한 일에 가담할 수는 없었다. 나는 거부 의사를 밝혔고, 결국 자기편에 서지 않았다는 이유로 한동안 시달려야 했다.

+++

어디 가나 편 가르기를 좋아하고 주도하는 사람들이 있다. 그들은 자기편이 되면 혜택을 보겠지만, 그렇지 않으면 쓴맛을 볼 거라고 압박한다. 마음이 맞아서 한 편이 되는 거라면 모르겠다. 그런데 "나를 따르지 않으면 국물도 없어!"라고 하는 건 서로 피곤해지는 일이다.

매사에 아군과 적군으로 나누는 사람은 주로 힘 있는 사람이거나 그 측근인 경우가 많다. 그들은 유력한 사람과의 친분을 과시하면서 존재감을 드러내는 걸 좋아한다. "나 ○○와 친해. 그분과 나는 특별한 사이야!" 이 말에는 "나에게 밉보이면 앞으로 피곤할 거야!"라는 뼈가 들어 있다. 우리는 내 편인지 네 편인지 확인하는 일에 쓸데없이 부지런하다. 정작 주님 편에 서서 살아가는가를 확

태도, 믿음을 말하다

인하는 데는 한없이 게으르면서도 말이다. 쓸데없는 일이, 쓸데없이 피곤하게 만든다.

✛✛✛

베드로, 야고보, 요한은 예수님이 따로 데리고 다닐 정도로 각별한 사이였다. 이는 장차 더 큰 사명을 맡기기 위한 특별 훈련 차원이었다. 결코 특별 대우 차원이 아니었다. 하루는 요한이 주의 이름으로 귀신을 내쫓는 사람을 보고 그렇게 하지 말라고 금한 일이 있었다. 중요한 사실은, 예수님이 아닌 "우리를 따르지 않아서"(막 9:38) 금했다는 것이다. 그는 예수님을 위해서가 아니라 자기를 위해서 그렇게 했다! '예수님과 각별한 우리 3인방 정도는 되어야 주의 이름으로 귀신을 내쫓을 자격이 있다'고 생각한 것이다. 이에 예수님은 선을 긋고 관계를 사유화하려는 시도를 금하셨다. 그분에 대한 관계 독점이, 득이 되기는커녕 독이 되리란 걸 아셨기 때문이다.

신앙 공동체에서도 이런 일이 잦다. 누구누구의 이름을 거론하며 친밀함을 과시하는 사람이 있다. 누군가의 후광으로 덕을 보려는 시도도. 이런 태도를 가진 사람이 '우리'라는 말로 선을 잘 긋는다. 편을 갈라서 어려움을 초래한다. 고린도 교회가 그랬다. 편이 갈리면, 교회는 패밀리가 아닌 패거리밖에 되지 않는다. 선을 잘 그어서 특별해진다면 얼마나 좋을까? 그러나 그건 더 고립되는 일이다. 은혜에서 더 멀어지는 일이다.

예수님을 독점할 권리를 얻을 수 있는 사람은 없다. 3인방처럼 누구보다 헌신했다고 해도 말이다. 예수님은 가까이에서 따르는 사람들에게 특권을 주신다. 관계를 독점할 특권 말고, '더 많이, 더 크게' 헌신할 특권을.

> 우리는 내 편인지 네 편인지 확인하는 일에는
> 쓸데없이 부지런하다.
> 정작 주님 편에 서서 살아가는가를 확인하는 데는
> 한없이 게으르면서도 말이다.

태도, 믿음을 말하다

사람이
순진하기는……

((그건 지혜로운 게 아니라 영악한 겁니다!))

"사람이 순진하기는……."

대개 이렇게 말하는 사람의 마음에는 이런 생각이 깔려 있다. '나는 이렇게 지혜롭게 처신하는데, 너는 왜 그렇게 어리석은지 모르겠다!' 이렇게 말하는 사람을 보면 하나같이 정확하다. 손해 보는 일은 눈곱만큼도 하지 않을 정도로 말이다. '호의'를 계속 베풀면 '호구'로 보는 세상이다. 그래서 손익을 잘 셈하는 사람이 인간관계의 정석처럼 보인다. 그런데 알고도 봐주는 거라면? 알고도 당해 주는 거라면?

아내는 다른 사람을 험담하지 않는다. 주변 사람들이 함께 험담하자고 분위기를 조성해도 듣고만 있을 뿐, 맞장구쳐 주지 않는다(대부분 아내가 잘 몰라서 말을 안 하는 줄 안다). 아내는 지난번에 커피를 샀는데, 또 커피를 사곤 한다. 살 마음이 없는 사람에게 굳이 옆구리를 찔러 가며 채근하지 않는다. 나였다면, '왜 또 내가 사야 하느냐?'라고 했을 텐데 말이다. 내게는 자기 부인해야 겨우 가능한 일을 아내는 별일 아닌 듯 수월하게 해낸다. 이런 모습을 볼 때마다, 나는 아내에게 열등감을 느낀다.

"주변 사람들과 따뜻한 정을 나누고 훈훈한 정서적 지원을 받는 사람일수록 내면이 강인하다."

김주환 교수가 「회복탄력성」(위즈덤하우스 펴냄)에서 한 말이다. 내가 아내를 보면서 정서적 강인함을 느끼는 이유가 바로 여기에 있다. 강인한 사람은 다른 사람이 아니다. 안정감을 주는 사람이 바로 강인한 사람이다. "사람이 순진하기는……"이라고 말하는 사람은 스스로 지혜롭다고 생각한다. 그런데 그건 지혜로움보다는 영악함에 가깝다. 머리만 굴리면 영악해지기 때문이다. 하나님은 머리만 아니라 마음을 함께 굴리는 사람에게 지혜를 주신다.

구겨진 세상은 빈틈없이 바른 사람이 아니라, 느슨한 바보에 의해 펴진다. 느슨한 바보로 살려면 손해 볼 각오부터 해야 한다. 또한 지혜와 믿음이 필요하다. 놀아나지 않고 섬기기 위해서는 지혜가, 그렇게 행동하기 위해서는 믿음이 요구되기 때문이다. 자기

태도, 믿음을 말하다

만 아는 사람은 늘 손해 볼까 두렵고, 빼앗길까 불안하다. 그래서 많은 걸 소유했음에도 어딘가 모르게 거친 생각과 불안한 눈빛이 가득하다.

야곱은 누구보다 계산기를 잘 두드리던 사람이다. 늘 남는 장사를 한 사람이다. 그런데도 그의 인생에 대한 총평은 "험악한 세월을 보내었나이다!"(창 47:9)였다. 꾀를 부리고 잔머리를 굴릴수록 재산이 늘었다. 하지만 동시에 그의 인생도 꼬이고 어긋났다. 지혜롭게 산 것 같았지만, 돌아보니 바보처럼 살아온 것이다. 우리는 손해 보려는 마음도 없고, 그렇게 살 만한 믿음도 없을 때 "사람이 순진하기는"이라고 말한다. 자기를 포장하고 감추기 위해 이보다 유용한 표현이 있을까?

"더는 호구로 살지 않을 거야!"라고 말하는 사람들이 저지르는 최대의 실수가 있다. 호의를 베푸는 사람을 전부 싸잡아 호구로 바라본다는 것이다. 더 나아가 호의를 베푼 사람을 호구처럼 이용하려 든다는 것이다. 잇속만 챙길 줄 알지, 사람은 챙길 줄 모르는 참으로 어리석은 사람이 아닐 수 없다.

종종 호의를 베풀고 나서 호구처럼 느껴질 때가 있다. 이때 필요한 건, 마음을 콱 닫아 버리는 게 아니다. 선한 마음을 꺾어 버리는 것도 아니다. 좀 더 지혜롭게 호의를 베푸는 일이다. 하나님은

태도, 믿음을 말하다

그런 바보 같은 사람들을 통해 영광 받으신다. 느슨한 바보들의 마음이 끝까지 꺾이지 않았으면 좋겠다.

구겨진 세상은
빈틈없이 바른 사람이 아니라,
느슨한 바보에 의해 펴진다.

받은 건
금방
잊어버리면서

((조금도 봐주지 않는다면))

몇 년 전, 어느 금요일이었다. 해가 저물 때쯤, 심방을 마치고 교회로 복귀하는 길이었다. 아니나 다를까, 내부 순환로는 차들이 가고 서기를 반복할 정도로 꽉 막혀 있었다. 한참을 기어가다시피 한 끝에 겨우 출구로 빠지려고 하는데, 이미 수백 미터 앞에서부터 정체가 이어지고 있었다. 밀린 차들만큼이나 피곤과 짜증이 밀려왔다.

이때 한 운전자가 양심을 집에 두고 왔는지, 옆 차선에서 끼어들려고 기회를 엿보고 있었다. 그러자 차들이 앞차와의 간격을 좁히면서 조금도 끼어들 틈을 허락하지 않았다. 그렇게 끼어들지 못하고 뒤로 밀리고 밀리던 차가 결국 내 앞까지 왔다. 여전히 끼어

태도, 믿음을 말하다

들 기회를 엿보고 있었다. '야. 진짜 너무하네! 하긴, 나도 본의 아니게 저런 적이 있지.' 마음에 틈이 생기자, 앞차와의 간격에도 틈이 생겼다. 순간 뒤따라오던 차들이, 전부 나를 한심하게 쳐다보는 것 같았다. '왜 그런 사람에게 양보합니까? 으이구!' 하고 나무라는 것처럼 뒤통수가 근질거렸다.

고생 끝에 끼어든 차는 깜빡이를 두어 번 켜서 감사하다는 신호를 보냈다(여담이지만 끼어들거나 차선을 변경하고 나서, 깜빡이를 켜서 감사를 표현하면 좋다. 그 작은 감사 표시가 양보해 준 운전자에게 '당신, 참 괜찮은 사람이네요!'라는 마음을 느끼게 해 준다. 게다가 보복 운전하려는 운전자를 달래 주기까지 한다). 문제는 그다음에 벌어졌다. 내게 은혜 입은 차 앞으로, 이번에는 양심도 간도 쓸개도 모두 집에 두고 온 듯한 운전자가 끼어들려고 하고 있었다. 나는 그렇다 쳐도, 내게 은혜 입은 앞의 운전자라면 흔쾌히 양보해 줄 것 같았다. 그런데 앞차에 바짝 붙기를 반복하면서 끼어들 틈을 주지 않았다. 누가 봐도 "절대 양보 못해! 감히 어딜 끼어들어?" 하는 것처럼 보였다. "우와! 조금 전에 자기도 그랬으면서. 해도 해도 너무하네!" 그런 모습을 바로 뒤에서 실시간으로 지켜보던 나로서는 기가 막히고 코가 막혔다. 양보받은 지 몇 십 분이 지난 게 아니다. 불과 몇 십 초밖에 지나지 않았기 때문이다. 인간의 이중성을 눈앞에서 목격

한 순간이었다. 운전하면서 오는 내내 그 장면이 머릿속에서 맴돌았다. 때마침 예수님이 용서와 관련해서 하신 말씀이 생각났다.

1만 달란트 빚진 종이 있었다. 그 종은 먼저 용서받았음에도, 자기에게 빚진 동료를 용서하지 않고 쥐 잡듯 했다. 자신은 인간이 갚을 수 없는 1만 달란트나 탕감받았으면서, 겨우 1백 데나리온 빚진 동료에게는 돈을 내놓으라고 윽박지른다. 종은 애걸복걸하는 동료를 무자비하게 감옥에 보내 버린다. 정황상 그 종도 불과 몇십 분 혹은 몇 시간 전에 용서받은 사람이면서 말이다.

우리는 누군가에게 베푼 은혜는 금강석에 새기면서, 남이 내게 베푼 은혜는 모래에 새긴다. 내가 베푼 용서는 큰맘 먹고 베풀어 주는 호의라고 생각한다. 반면 남이 내게 베푼 용서는 마땅한 권리쯤으로 생각한다. 나는 1백 데나리온어치 용서받은 사람이고, 다른 사람은 1만 달란트어치 용서받은 사람이라고 생각하면 도무지 용서할 수 없다. 용서하려면 이것을 반대로 적용해야 한다. 내가 1만 달란트어치 빚진 자요, 다른 사람은 1백 데나리온어치 빚진 자라고. 한때 내가 어떤 처지였는지 모르면, 자격 있는 사람처럼 행세하기 쉽다.

은혜는 반드시 큰 쪽에서 작은 쪽으로, 많은 쪽에서 적은 쪽으로 흐른다. 우리도 예수님이 베풀어 주신 용서 덕분에 사망이라는

태도, 믿음을 말하다

차선에서 생명이라는 차선으로 들어설 수 있었다. 역사를 잊은 사람에게만 미래가 없는 게 아니다. 받은 은혜를 잊어버린 사람에게도 미래가 없기는 마찬가지다.

은혜는 반드시 큰 쪽에서 작은 쪽으로,
많은 쪽에서 적은 쪽으로 흐른다.
우리도 예수님이 베풀어 주신 용서 덕분에
사망이라는 차선에서 생명이라는 차선으로
들어설 수 있었다.

이겨도
이긴 게
아니더라

((죽고 사는 문제가 아니라면))

"예수님은 사탄이 내민 왕관을 거부했는데, 이것은 져야 하는 싸움에서 진 것이다. 인간은 지는 것을 자존심과 연결시키기 때문에 지는 싸움은 이기는 싸움보다 훨씬 더 어렵다. 그래서 여전히 많은 사람이 져야 하는 싸움에서 이기고 있다."

이정일 목사님이 쓰신 「문학은 어떻게 신앙을 더 깊게 만드는가」(예책 펴냄)에 나오는 말이다. 아무리 좋은 책도 다시 꺼내 읽는 게 쉽지 않다. 그런데 이 책은 틈틈이 다시 꺼내 음미할 정도로 좋아한다. 읽을 때마다 새로워서 놀라고, 저자의 첫 책이란 사실에 또 놀란다. 주옥같은 수많은 문장 중 왜 이 대목에서 멈췄던 걸까? 내게도 져야 하는 싸움에서 졌고, 그 덕분에 이긴 일이 있었기 때문이다.

┽┽┽

두 번째 사역지에서 2년 동안 곰팡이와 사투를 벌이다, 사역지를 다른 곳으로 옮기게 되었다. 목회자에게 사역지 이동은 곧 이사를 의미한다. 감사하게도, 이번에는 사택이 아파트였다. 비록 고지대에 있는 오래된 아파트였지만, 서울 시내에서 아파트에서 사는 게 흔한 일은 아니기에 감사했다. 집이 남향이라 햇빛도 잘 들고 곰팡이도 없었다. 방도 따뜻했다. 그런데 이곳에서도 몇 가지 사건이 있었다.

　이사한 다음 날이었다. 나는 세탁기 호스를 사려고 나오고, 아내는 집에 남아 에어컨 설치를 지켜 보고 있었다. 물품을 사서 집으로 가는데, 전화가 왔다. 핸드폰 너머로 아내의 다급한 목소리가 들렸다. "빨리 집으로 와요. 아래층 할머니가 올라오셔서, 에어컨 설치하는 기사분이랑 한바탕하셨어요!" 아래층 할머니께서 베란다 거실 쪽에 에어컨 실외기를 설치하면 어떻게 하느냐고 따졌다고 한다. 다짜고짜 큰소리를 치는 바람에 에어컨 기사도 기분이 언짢았던 모양이다. 실외기는 이미 설치를 마친 상태였다. 아내말에 따르면, 에어컨 기사도 집 구조에 따라 실외기를 설치한 것뿐인데 무엇이 문제냐며 물러서지 않고 언성을 높였다고 한다.

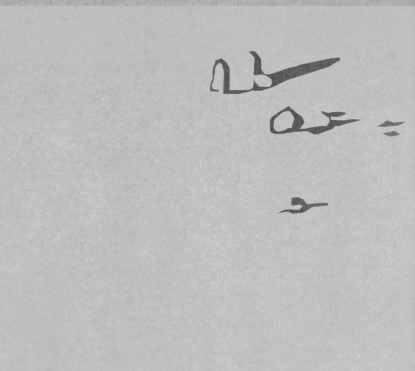

+ + + +

정말 거실 쪽에 실외기를 설치하면 안 되는가 싶어 다른 집들을 살펴봤다. '그러면 그렇지!' 실외기는 베란다 이쪽저쪽에 제각각 설치되어 있었다. 할머니에게 증거 자료로 제시하려고 사진을 찍었다. 의기양양하게 아래층 할머니에게 찾아가 따지려고 하다가, 생각을 고쳐먹었다. '이렇게 한다고 정말 문제가 해결될까?' 분명 문제만 더 커질 것 같았다. 곧바로 마트에 들러 음료수 한 상자를 샀다. 그리고 기도하면서 아래층 할머니를 찾아갔다.

"딩동!"

"뉘슈?"

"네, 어르신. 새로 이사 온 윗집입니다."

"띠리릭!"

문이 열렸다. 음료수 한 상자를 내밀면서, 이사를 왔는데 인사가 늦었다고 최대한 공손하게 말씀드렸다. 그리고 에어컨 실외기를 거기에 설치하면 안 되는지 몰랐다며, 제발 너그러운 마음으로 봐달라고 빌었다. 할머니는 아무 일 없었다는 듯이 괜찮다고 하셨다. 그 후로 명절 때마다 선물을 들고 인사드리는 사이가 되었다. 그렇게 친구가 되어서인지, 할머니는 남자아이 셋이 내는 층간 소음을 한 번도 문제 삼지 않으셨다.

+ + +

나이 먹을수록 이겨도 이긴 것이 아니고, 져도 진 것이 아닌 일들이 있다는 걸 배운다. 이겨야 하는 일에서 지는 것은 문제다. 하지만 져야 하는 일에서 이겨도 문제가 된다. 부부 싸움이 대표적이다. 부득부득 이기려고 할수록 더 큰 손해를 보는 게 부부 싸움이다. 신앙생활도 마찬가지인 것 같다. 웃는 게 웃는 게 아니듯, 이겨도 이긴 게 아닐 때가 많기 때문이다. 여러 시행착오를 경험하면서 실천하고 있는 "3기"가 있다. "알고도 모른 척하기, 티 나지 않게 져 주기, 먼저 손 내밀기." 세 가지 모두, 목회자라는 힘(권위)을 빼지 않으면 할 수 없는 일이라 솔직히 쉽지 않다. 이 과정에서 자존심이 상하기도 한다.

사람들은 크고 작은 전투에서 승리해야 전쟁에서도 승리한다고 말한다. 하지만 이것이 인생에도 그대로 적용되는 건 아니다. 악착같이 이기려는 과정에서 소중한 사람을 잃는 경우도 많고, 눈앞에 보이는 작은 것에 집착하다가 더 큰 것을 놓치는 사례도 허다하다. 하지만 예수님은 십자가에서 완벽하게 지심(죽음)으로 완벽하게 이기는(부활) 본을 보여 주셨다. 영적 전쟁에서는 물러서지 않고 맞서 싸워 반드시 이겨야 한다. 그러나 죽고 사는 문제가 아니라면, 적어도 관계에 있어서는 때론 지는 게 이기는 일일 수 있다. 하나님은 악을 선으로 바꾸시듯, 진 것을 이긴 것이 되게 하신다.

태도, 믿음을 말하다

예수님은 십자가에서 완벽하게 지심(죽음) 으로
완벽하게 이기는(부활) 본을 보여 주셨다.

나의
엄마 고래

((넌 끝까지 내가 지킨다!))

드라마를 즐겨 보는 편은 아니다. 하지만 '웰메이드'(well-made)로 소문난 드라마는 챙겨 보는 편이다. 지나치게 허무맹랑한 드라마는 뻔하기도 하고, 남의 얘기처럼 들려서 잘 보지 않는다. 반면 요즘 현실을 반영한 드라마는 이해와 공감의 폭을 넓힐 수 있어서, 없는 시간을 쪼개서라도 보고 있다. <이상한 변호사 우영우>를 정주행하게 된 것도 그런 이유에서였다. 자폐 스펙트럼을 가진 변호사 우영우가 좌충우돌하며 변호하는 이야기인데, 다시 돌아볼 점이 많아 시간이 아깝지 않았다. 그러다 6화를 보면서 먹먹한 장면과 마주하게 되었다. 우영우(박은빈 분)는 친구 변호사에게 이런 이야기를 들려준다.

태도, 믿음을 말하다

"고래사냥 법 중 가장 유명한 건 새끼부터 죽이기야. 연약한 새끼에게 작살을 던져 새끼가 고통스러워하며 주위를 맴돌면, 어미는 절대 그 자리를 떠나지 않는대. 아파하는 새끼를 버리지 못하는 거야. 그때 최종 표적인 어미를 향해 두 번째 작살을 던지는 거지. 고래들은 지능이 높아. 새끼를 버리지 않으면 자기도 죽는다는 걸 알았을 거야. 그래도 끝까지 버리지 않아. 만약 내가 고래였다면 엄마도 나를 안 버렸을까?"

고래는 지능이 높아서 충분히 도망칠 수 있는데도, 새끼 곁을 떠나지 않는다. 위험에 처할 것을 뻔히 알면서도 그 자리를 떠나지 않는 것이다. 우영우는 엄마에게 버림받고 미혼부인 아빠의 손에서 자랐다. 자신이 자폐를 가진 아이가 아니라 고래로 태어났다면, 엄마도 분명 자기를 버리지 않았을 거라고 생각하는 듯했다.

고래 이야기를 듣는데 갑자기 도마뱀이 생각났다. 도마뱀은 위험에 처하면 살기 위해 꼬리를 자르고 도망친다. 도마뱀만의 생존 전략이므로 함부로 비난할 순 없다. 그러나 여기저기에서 자신이 피해를 입을까 싶어 '꼬리 자르기'를 하는 사람들을 보면, 사람이 할 짓은 아니라는 생각이 든다. 사람이 껌도 아니건만, 달면 삼키고 쓰면 뱉는 사람이 얼마나 많은지 모른다. 어제까지만 해도 세상에 둘도 없는 친구였는데, 불똥이 튈 것 같으면 나 몰라라 한다. 그런가 하면 "너는 내가 책임진다!"라고 말해 놓고 불리하면 모르쇠로 일관하기도 한다. 전형적인 '꼬리 자르기'다.

자기 배 아파 낳은 부모조차, 인생에 걸림돌이 된다며 자식마저 '꼬리 자르기'하는 세상이다. 쓸모가 없거나 다하면, 배터리처럼 다른 누군가로 교체되는 세상이 쓸쓸하다. "너 말고 다른 사람도 많아!" 이것을 알기 때문에 우리는 건강이 망가지고, 가정이 무너지고, 관계에 금이 가는데도 좀처럼 멈추지 못한다. 멈추는 순간, '선수 교체' 사인이 들어올 수 있으니 말이다.

예수님도 곧 십자가에 달리실 것을 아셨다. 베드로를 비롯한 제자들 모두 "나는 절대 부인할 리 없습니다! 절대 도망치지 않을 겁니다!"라고 큰소리쳤다. 우리의 약함을 생각했을 때, '절대'라는 말처럼 '절대' 믿어서는 안 되는 말도 없다. 그러나 제자들은 로마 군인들이 들이닥쳤을 때, 꼬리 자르듯 예수님을 끊고 도망쳐 버렸다. 예수님도 얼마든지 제자들을 버리고 도망치실 수 있었다. 일단 자신부터 살고 볼 수도 있었다. 그런데도 예수님은 그 자리를 떠나지 않으셨다. 제자들은 예수님을 버렸지만, 예수님은 제자들을 지키셨다.

태도, 믿음을 말하다

가장 결정적인 순간까지 그 자리를 지켰다면, 그건 사랑이 아니고는 달리 설명할 길이 없다. 나는 예수님이 내 삶을 인도하시는 방식이 다 이해되거나 맘에 들기 때문에 믿고 따르는 것이 아니다. 다만 나를 위해 지신 십자가가 쇼가 아니라 진짜라는 걸 믿기에, 나를 향한 사랑이 진짜라는 걸 믿기에, 믿고 따르는 것이다. 꼬리 자르기가 당연한 세상에서, 예수님이 나의 엄마 고래라는 사실에 힘과 용기를 얻는다. 사랑하시되 끝까지 사랑하심에 안심이다.

가장 결정적인 순간까지
그 자리를 지켰다면,
그건 사랑이 아니고는
달리 설명할 길이 없다.

6장

마음을 다해 다른 이를 인정하는 태도, 존중

잠깐의
여유가
필요할 때

((까칠함이 태도가 되기 전에))

출근과 세 아이 등교가 맞물리는 아침 시간은 그야말로 전쟁통이
따로 없다. 작년이었다. 초등학교에 다니는 첫째와 둘째는 그나마
시간이 되면 집을 나섰는데, 장난기 충만한 일곱 살 막둥이는 도
통 한 번에 말을 듣지 않았다. 출근길에 아이를 유치원에 데리고
가려면 서둘러 양치와 세수를 시켜야 했다. 그런데 얌전히 오는
날보다 술래잡기하자는 날이 더 많았다. 다섯 번 정도 얘기해도
말을 듣지 않자, 출근 시간 임박과 맞물리면서 목소리가 커졌다.
그러면 막둥이는 예쁜 목소리로 말하지 않으면 안 가겠다고 협박
한다. '을질'도 이런 '을질'이 없다. 막둥이는 모른다. 시간에 쫓기
면 고상하게 반응할 수 없다는 것을. 바쁨이 여유와 여백을 빼앗

태도, 믿음을 말하다

아, 그곳에 짜증을 채운다는 사실을.

$$+++$$

"친절은 마인드의 문제가 아니라 몸의 문제라는 생각을 많이 한다."

허혁 씨가 「나는 그냥 버스기사입니다」에서 한 말이다. 그의 말에 따르면, 버스 기사는 "오전에는 선진국 버스 기사였다가, 오후에는 개발도상국, 저녁에는 후진국 기사가 된다." 정말 그렇다. 일과 사람에 시달리면, 마인드보다 몸이 먼저 까칠하게 반응한다. 피로하고 피곤하면, 그때부터는 몸이 마음을 지배해서 질질 끌고 간다. 그래서 몸이 말을 듣지 않는 건, 마음이 말을 듣지 않는 것이나 마찬가지다.

속도를 높일수록 시야는 좁아지게 마련이다. 삶의 속도도 빠를수록 주변을 보는 시야가 좁아진다. 그러면 가까이 있는 형제자매나 동료가 어떤 어려움을 겪고 있는지 돌아볼 겨를이 없다. 남보다 내가 먼저 이해받고 싶어진다. 서로 먼저 이해받고 싶을 때 다툼이 일어나는 것도 이런 이유 때문일 것이다. 집에서 부부가 서로 티격태격하는 것도, 직장에서 동료와 얼굴을 붉히는 것도, 이해하기는 싫고 이해받고만 싶을 때와 맞닿아 있다.

+++

"속도를 줄이면 사람이 보입니다!"

교통안전 캠페인 문구다. 비단 운전대를 잡았을 때만 적용되는 말은 아닌 듯하다. 삶의 속도가 빠를수록 사람이 보이지 않는다. 대체로 타인의 아픔에 무심하고 무감각한 일이 반복되다 보면, 나도 모르는 사이에 잔인한 인간이 되기 쉽다. 우리가 하는 대부분의 후회도 어쩌면 잠깐의 '겨를'도 내지 않은 데서 비롯되지 않을까 싶다. 한가하다고 해서 배려심이 많거나 좀 더 친절하다고 생각하진 않는다. 하지만 바쁘면 좀처럼 친절하게 대하는 일이 쉽지 않은 건 사실이다.

까칠함과 짜증은 누구에게나 잠복해 있어서, 바쁠 때 최고조에 이르러 화산처럼 폭발한다(이때 거슬리거나 잘못 걸리면 날벼락 맞을 수 있으므로, 몸을 사리는 게 좋다). 기분이 엉망일 땐, 말도 행동도 엉망으로 표출된다. 예수님도 사람들이 줄을 설 정도로 바쁘셨다. 이렇게 정신없으면, 보통 짜증이 올라오고 언행에 가시가 돋는다. 그런데도 예수님은 사람을 대할 때 짜증 내지 않으셨다. 까칠하게 대하지도 않으셨다. "예수님이니까 그러셨겠지!"라고 하면 할 말은 없다. 그러나 나는 그 비결로, 바쁜 사역 중에도 한적한 곳에서 기도하신 걸 꼽고 싶다. 인간으로 오신 예수님께도 기도는 멈춤과 회복의 시간이었다.

태도, 믿음을 말하다

++++

정신없이 바쁠 때가 있다. 이럴 때 말과 행동이 뜻하지 않게 상처를 주기도 하고, 오해를 불러일으키기도 한다. 나도 예외는 아니라서, 그럴 땐 일부러라도 차 한 잔 혹은 찬양 한 곡의 여유를 가지려고 한다. 마음에 숨통을 트여 줘야, 날카롭게 곤두선 신경을 조금이나마 누그러뜨릴 수 있기 때문이다. 비단 내게만 멈춤이 필요한 건 아니다. 종일 세 아들과 씨름하면서 마음의 여백이 한껏 좁아진 아내에게도 절실하다. 그래서 한 번씩 아내에게 카페에서 혼자만의 시간을 보내고 오라고 권한다. 혼자 세 아들을 봐야 하는 품이 들지만, 그게 아내와 나와 가정에 숨통을 트여 주는 일이라고 생각한다. 까칠함이 만성이 되면 태도가 된다. 그러면 삶의 속도를 높여서 얻은 것보다 더 많은 걸 잃게 된다. 사랑하는 사람도 말이다.

삶의 속도가 빠를수록 사람이 보이지 않는다.
대체로 타인의 아픔에 무심하고
무감각한 일이 반복되다 보면,
나도 모르는 사이에 잔인한 인간이 되기 쉽다.

진심으로
대했던 것들만 남고
기억된다

((진심이 주는 울림은 다르다))

"천재는 1퍼센트의 영감과 99퍼센트의 노력으로 이루어진다!"

에디슨이 남긴 말이다. 진짜 천재 같던 사람이 남긴 말이라, 평범한 사람들에게는 그저 남의 이야기처럼 들린다. 영감이 1퍼센트에 지나지 않을지라도, 그것이 99퍼센트를 좌우한다고 했을 땐 이야기가 달라진다. 1퍼센트에 불과한 영감이 99퍼센트의 노력을 퍼 올리는 마중물이 될 경우, 1퍼센트는 그냥 1퍼센트가 아니기 때문이다. 에디슨의 말에 '마음'과 '진심'과 '능력'을 대신 넣으면 어떻게 될까? "마음은 1퍼센트의 진심과 99퍼센트의 능력으로 열린다!"라고 말이다.

능력과 실력은 효율과 효과에 익숙한 우리에게 사람을 평가하는 최고의 척도다. 뛰어난 능력은 자석처럼 사람들의 이목을 잡아끌고 호감을 준다. 매력도 대부분 거기에서 발산된다. 하지만 탁월한 능력에도 마음에 와닿지 않는 사람도 수두룩하다. 왜 그런 걸까?

+++

예전에 한 오디션 프로그램에서 심사위원이 한 말이 생각난다. "노래 실력은 더 이상 흠잡을 게 없을 정도로 좋습니다. 정말 잘합니다. 그런데 왜 저는 마음에 와닿지 않을까요?" 이와 비슷한 이야기를 십여 년 전에도 들었다. 영국의 오디션 프로그램 <브리튼스 갓 탤런트>에서 우승한 폴 포츠가 내한 공연을 한 적이 있다. 그의 콘서트에 다녀온 분이 소감을 이야기해 주었다. "우리나라에서 내로라하는 성악가들과 폴 포츠가 노래했는데, 실력은 누가 봐도 성악가들이 더 나았습니다. 그런데 마음에 감동을 주는 노래는 폴 포츠가 부른 노래였습니다."

손색없는 음색과 기교를 자랑함에도 귀에만 머물다 증발하는 노래가 있다. 그런가 하면, 투박하고 서투름에도 가슴까지 뚫고 들어와 오랫동안 머무는 노래도 있다. 우리는 영적인 존재다. 단순히 기교로 노래 부르는지, 무언가를 듬뿍 담아 부르는지 어느 정도는 안다. 그래서 소리는 귀로 들어가고, 진심은 마음으로 들어가는 것이다. 이 작은 차이가 마음에 울림을 준다. 가슴을 흔든

다. 눈물을 만든다. 이런 점에서 99퍼센트의 능력이 진짜 능력이 되게 하는 건, 1퍼센트의 진심이라고 해도 과언이 아니다.

+++

나는 이런 사실을 사역지를 떠날 때마다 경험했다. 새로운 사역지로 떠날 때마다, 유독 서운해하고 안타까워하던 분들이 있었다. 생각해 보니, 그분들 모두 내가 진심으로 대한 분들이었다. 또한 나와 진심을 주고받은 '공통의 추억'을 간직한 분들이었다. 함께 웃고 함께 울던 분들이었다. 그러면서 한 가지 사실을 깨달을 수 있었다. 진심으로 대한 것만 남고 기억된다는 걸. 과학적으로 설명할 순 없지만, 진심에는 사람의 마음을 움직이는 뭔가가 있는 게 분명하다.

예수님은 어디를 가나 수많은 사람에게 둘러싸였다. 이럴 땐, 사람이 귀찮거나 성가신 존재로 느껴지게 마련이다. 그런데도 그들을 한꺼번에 싸잡아 대하셨다는 느낌보다 '한 사람 한 사람'으로 대하셨다는 느낌이 든다. 내게 이익이 될지, 아니면 손해가 될지를 따지지 않고, 하나님의 형상으로 바라보았기 때문일 것이다. 하나님의 형상으로 지음받은 존재라고 생각하면, 정성스럽게 대하고 바라볼 수밖에 없다.

　　　　　　　　　　　　　　태도, 믿음을 말하다

+++

상위 1퍼센트의 사람이 되라고 가르치고 다그칠 게 아니다. 또 그런 사람들을 가까이하면서 친하게 지내라고 가르칠 것도 아니다. 그보다는 1퍼센트의 진심을 놓치지 않는 사람이 되라고 가르치고 격려해야 한다. 우리는 예수님이 보여 주신 사역의 스킬을 배우기에 앞서, 사람을 어떻게 대하셨는지를 힘써 배워야 한다. 그래야 예수님을 믿고도 냉랭한 사람으로 살지 않을 수 있다. 우리는 잔인한 사람이 되지 않기 위해서라도, 꼭 그렇게 해야 한다.

1퍼센트의 진심을 지키는 일은 결국 나를 지키는 일이다. 하나님 앞에서 나를 나로 살게 하는 일이다. 예수님을 따르는 일도 바로 여기에서 시작해야 하지 않을까?

> 우리는 예수님이 보여 주신
> 사역의 스킬을 배우기에 앞서,
> 사람을 어떻게 대하셨는지를
> 힘써 배워야 한다.

지금
밥 한번
먹어요

((마음은 '지금'이라는 봉투에 담겨 전달된다))

"나중에 밥 한번 먹어요", "언제 밥 한번 먹어요."

서로 불편하지 않으면서 동시에 관계도 적당하게 유지하고 싶을 때 사용하기 좋은 말이다. 우리 가운데 이 말을 곧이곧대로 믿고 받아들이는 사람은 없다. 영혼 없이 그냥 내뱉는 말이라는 걸 알 만한 사람은 다 안다. "나중에 밥 한번 먹어요!"라는 말은, 지금 당장 같이 밥을 먹기엔 부담스럽고 그냥 헤어지기에는 좀 애매할 때 주로 사용한다. 그것도 모르고 눈치 없이 "정말요? 언제 밥 먹을래요?" 하면서 들이대면 이상한 사람으로 취급받는다.

우리는 마음에도 없는 말로 너무 가깝지도, 그렇다고 너무 멀지도 않은 적당한 선에서 관계를 유지하며 살아간다. 정말 같이

　　　　　　　　　　　태도, 믿음을 말하다

밥 먹고 싶다면, '나중에', '언제 한번'이라는 말 대신 '지금'을 넣어야 한다. "지금 같이 밥 먹을래요?" '지금'이라는 말에는 꼭 그렇게 하겠다는 의지가 담겨 있다.

가끔 세 아들이 한통속이 되어 장난감을 사 달라고 할 때가 있다. "지금 바쁘니까 나중에 사 줄게!"라는 말로 몇 번의 위기를 넘길 수 있었다. 그러자 애들도 그냥 당하고만 있지 않았다. "언제 사 주실 거예요?"라며 구체적인 약속을 요구했기 때문이다. 더는 빠져나갈 수 없었다. 뒤로 미룰 수도 없었다. 그때마다 감당할 만한 약속만 하기로 다짐했다. 아이들에게 '양치기 아빠'가 될 수는 없었다.

✝✝✝

"나중에 기도하겠습니다."

그리스도인이 자주 하는, '지키지 않을 약속'이다. 가슴에 손을 얹고 대답해 보자. 이렇게 말해 놓고 실제로 얼마나 기도했는지 말이다. "나중에 기도하겠습니다." 처음 이 말을 할 때는 진심이었을 것이다. '나중으로' 미루는 순간 지키지도 못할 약속이 되었을 뿐. 그렇다면 어떻게 해야 할까? '꼭'이나 '지금'을 넣어 기도하겠다고 말해야 한다. "꼭 기도하겠습니다", "지금 바로 기도하겠습니다."

나 또한 "나중에 기도하겠습니다"라고 말해 놓고 까먹고 지나

쳤던 적이 많다. 뒤로 미루면 지키지도 못한 일만 쌓이는 게 아니다. 변명과 핑계는 곱빼기로 쌓인다. 이런 문제를 알고부터는 기도하겠다고 약속하면, 짧게라도 그 자리에서 기도한다. 그리고 나중에 개인 기도할 때 시간을 들여 기도한다.

✝✝✝

예수님을 따르겠다고 말하는 사람은 많았다. 지금 당장 따를 것처럼 큰소리친 사람도 여럿이었다. 그러나 예수님을 따라나선 사람은 소수에 지나지 않았다.

> "또 다른 사람이 이르되 주여 내가 주를 따르겠나이다마는 나로 먼저 내 가족을 작별하게 허락하소서"(눅 9:61).

저마다 지금은 따를 수 없는 이유가 있었다. '나중에', '언젠가는', '다음에'라는 말로 적당한 관계는 유지할 수 있다. 하지만 깊은 관계로 발전할 수는 없다. "하나님, 제가 나중에 열심히 섬길게요", "제가 나중에 잘되면 그때 순종할게요." 하나님과 거리두기를 하며 사는 사람들이 입버릇처럼 하는 말이다. 우리는 내 일에는 항상 '지금'을 붙이면서, 하나님 일에는 항상 '나중'을 붙인다. 기도는 뒤로 미루면서, 응답은 앞으로 당겨 받고 싶어 한다.

'즉시' 따르지 않으면, 그 틈을 비집고 사탄이 틈을 탄다. 즉시

태도, 믿음을 말하다

따르지 못할 여러 이유를 생각나게 하기 때문이다. 그것도 아니면 비록 지금은 따르지 못하지만, 나중에 기회를 봐서 따라도 충분하다고 구슬린다. 우리는 입버릇처럼 '나중에'라고 말하지만, 사실 그 나중이 언제인지 모른다. 나중은 우리에게 속하지 않았다. 우리는 다만 오늘, 지금만큼만 살아갈 뿐이다. 자꾸 뒤로 미루는 건, 그만큼 내게 덜 소중하다는 의미다. 소중할수록 우선순위의 맨 앞에 놓이는 법이다. 상대방을 소중히 여기는 내 마음을 몰라줘서 속상하다면, '나중에'라는 말 대신 '지금'이라고 말하면 어떨까? 진심은 '지금'이라는 집에 사니까 말이다.

뒤로 미루면
지키지도 못한 일만 쌓이는 게 아니다.
변명과 핑계는 곱빼기로 쌓인다.

존재감을
인정받기 위한
손쉬운 방법

((비하하는 만큼 비상할 거라는 착각))

요즘은 너도나도 잘난 시대다. 아니, 나보다 잘난 사람을 그냥 두고 보지 못하는 시대다. 하야미즈 도시히코는 「그들은 왜 남을 무시하는가」(은행나무 펴냄)라는 책에서 이런 근거 없는 자신감을 가리켜 "가상적 유능감"이라고 불렀다. 가상적 유능감이란 과거의 실적이나 경험에 따르지 않고, 타인의 능력을 낮게 추측하여 얻는 일종의 '가짜 자신감'을 일컫는 말이다. 그는 이 책에서, '나만 빼고 다 바보'라고 생각하는 현대인, 자기의 실패를 인정하지 않고 남 탓으로 돌리는 사람들의 행동을 가상적 유능감이라는 개념으로 설명한다. 가상적 유능감에 취하면 '세상에 나만 한 사람이 없다!' 라는 자아도취에 사로잡힌다. 간혹 대놓고 자기를 자랑하지는 않

태도, 믿음을 말하다

지만, 다 듣고 나면 "나 이런 사람이야!"라는 식으로 말하는 사람이 있다. 이런 사람은 엇비슷한 상대를 보면 비하한다. 그리고 압도적인 상대를 보면 음모론을 앞세워 비아냥거린다. 나보다 잘나가는 데에는 뭔가 구린 구석이 있기 때문이라고 생각한다.

✛✛✛

교회 안에도 가상적 유능감으로 충만한 사람들이 있다. "저 교회가 우리 교회보다 부흥하는 것은 세속적인 방법을 동원해서 그래.""저 구역(사랑방, 셀 모임)이 우리 구역보다 잘되는 것은 구역원이 좋아서 그래.""저 사람이 나보다 많이 헌금하는 것은 부정하게 돈을 벌어서 그래." 나의 모든 수고와 헌신과 노력과 과정을 말 한마디로 손쉽게 부정당하는 것처럼 불쾌한 일도 없다. 가수가 자기 노래를, 화가가 자기 그림을, 작가가 자기 글을 부정당할 때 왜 크게 분노할까? 자기 존재를 부정당하는 것과 동급으로 여기기 때문이다.

지금껏 다른 사람에게 인정받고 싶은 사람일수록 다른 사람을 더 인정하지 않는 모습을 많이 목격했다. 그때 알았다. 다른 사람을 인정할 줄 아는 사람이라야 그 자신도 인정받을 수 있다는 사실을. 비난만큼 나를 은근히 드러내는 방식도 없다. 한때 마르다도 동생 마리아를 비하해서 자기를 비상시키려고 했다. 하지만 예수님께 책망을 들으면서 본전도 찾지 못했다.

+ + + +

"인간은 생각하는 기계다"라는 말이 있다. 나는 여기에 '비교'라는 말을 넣어도 얼추 말이 된다고 생각한다. "인간은 비교하는 기계다." 비교는 인간이라면 피할 수 없는 일이다. 그렇다고 비교를 싸잡아 나쁘게 볼 필요는 없다. 비교를 통해서 좋은 자극을 받으면, 성장과 발전에 큰 도움을 얻을 수 있기 때문이다. 비교가 문제되는 건, 사람을 비참하게 혹은 교만하게 만들 때다. 이런 식의 비교는 발전을 가로막아 성장판을 일찍 닫아 버린다.

우리는 존재감을 인정받기 위해서 상대를 부정하는 방식을 선택한다. 그래서 나보다 칭찬받고 인정받는 사람을 보면, "쟤, 별거 아니야! 실력도 없는데, 운이 좋아서 그런 거야!"라는 말을 내뱉는다. 그리고 "나도 얼마든지 마음만 먹으면 쟤보다 잘할 수 있어!"라는 말로, 다른 사람의 지난한 수고와 과정과 성과를 가볍게 무시하고 부정한다.

다른 사람을 인정하는 일과 나를 인정하는 일, 다른 사람을 부정하는 일과 나를 부정하는 일은 서로 연동되어 있다. 남을 인정하는 일이 자신을 인정하는 일이요, 남을 부정하는 일이 자신을 부정하는 일이기 때문이다. 인정할 줄 아는 사람이 인정받고, 존중할 줄 아는 사람이 존중받는 법이다.

태도, 믿음을 말하다

비교가 문제되는 건,
사람을 비참하게 혹은 교만하게 만들 때다.
이런 식의 비교는 발전을 가로막아
성장판을 일찍 닫아 버린다.

나는 왜
너의 당당함이
불편할까

((믿음이 좋다고 자부하는 사람))

당당함은 떳떳함에서 나오는 자신감의 일종이다. "정정당당, 위풍
당당"은 누구나 꿈꾸는 태도다. 무엇 때문에 당당한지는 몰라도,
당당하면 일단 사람들의 시선을 확 잡아끈다. 잔뜩 주눅 든 사람
보다 당당한 사람에게 끌리는 건 인지상정이다.

　우리는 남들보다 나은 학벌과 많은 재물이 자신감을 불어넣어
준다고 생각한다. 또 그래야 기죽지 않고 당당할 수 있을 거로 생
각한다. 때론 '무시당하지 않으려는 강한 의지'가 기를 쓰고 공부
하거나, 악착같이 돈 버는 일의 원동력이 되기도 한다. 실제로 이
렇게 해서 무언가를 이룬 사람들이 있다. 이런 사람이 자기보다
못한 사람을 보면 더 매몰차게 대한다. 왜 그런 걸까? 과거 자신의

　　　　　　　　　　　　　　태도, 믿음을 말하다

불만스러운 모습이 엿보여서일 수도 있고, 자신처럼 이루지 못한 데서 오는 한심함 때문일 수도 있다.

'자기 의'는 다른 게 아니다. '나처럼 하지 않음'에서 오는 짜증과 분노다! '자기 의'에 빠지지 않으려면 수시로 질문을 던져야 한다. '나는 왜 이렇게 기를 쓰면서 살고 있을까? 나는 왜 이렇게 악착같이 돈을 벌려는 것일까?' 하고 말이다.

✠✠✠

'자기 의'에 사로잡힐 때 나타나는 태도가 있다. "하나님만 기쁘시게 하면 그만이지!" 얼핏 보면, 믿음 좋은 사람처럼 보인다. 그런데 생각해 보면 그렇지도 않다. 사람만 기쁘게 하려는 태도가 문제라는 데에는 이견의 여지가 없다. 그러나 하나님'만' 기쁘시게 하려는 태도도 문제일 수 있다. 정말 사람이 어떻게 보든, 하나님 보시기에만 좋으면 좋은 걸까?

주님의 일은 협력하여 선을 이루어야 하는 일이 대부분이다. 서로의 생각을 조율하면서 마음을 모아야 하나가 될 수 있다. 이 과정이 가장 힘들고 어렵다. 이때 "하나님 앞에서 떳떳하면 그만 아니냐!"라고 말하는, 이른바 '믿음 좋은 사람'이 나타나면 다툼과 분란이 발생한다. 다른 사람 말에는 귀 기울이지 않고, 자기만 옳다고 밀어붙이기 때문이다. 믿음은 당당함이지, 막무가내가 아닌데 말이다.

하나님을 기쁘시게 한다는 말은, 사람은 기분 나쁘게 해도 상관없다는 뜻은 아닐 것이다. 그런데도 하나님을 기쁘시게 한다는 사람 중에 무례한 사람이 많다. 하나님은 중심을 보시지만, 안타깝게도 사람들은 가장 먼저 외모부터 본다. 겉으로 드러난 모습을 보고 중심을 판단한다. 그래서 하나님을 경외한다고 백 번, 천 번 말해도 믿음에 덕이 빠지면 무례하게 보인다.

자기 몸을 불사를 준비가 되어 있다는 사람이 주변까지 전부 불사르려고 하는 건 어제오늘 일이 아니다. 이런 사람은 교회 안팎에서 문제를 일으킨다. 덕이 빠진 믿음일수록(벧후 1:5) 더 잔인하고 무서운 법이다. 혼자만 속이 편하고 주위는 전부 불편하다면? 그건 당당한 게 아니라 무례한 것이다. "나만 떳떳하면 됐지. 뭐가 문젠데?" 갑자기 분위기를 싸하게 만드는 주범이 자주 하는 말이다.

다른 사람을 배려하지 않으면서 당당한 사람들이 있다. 이로 인해 내상을 입고 신앙 공동체에서 나가떨어진 사람이 한둘이 아니다. 사람에게는 무례한데 하나님께는 예의가 바르다? 그런 일은 없다. 사랑은 무례히 행하지 않는 것이라 했다. 믿음도 마찬가지다.

믿음은 당당함이지, 막무가내가 아니다.

견제구만
날리다간
폭투한다

((시기하면 나만 시시해진다))

새로운 동료가 들어오면, 대부분 그가 어떤 사람일까 하는 호기심으로 관찰한다. 여기에는 그가 어느 정도 수준의 사람일까 하는 궁금증도 포함되어 있다. 우리는 신입의 됨됨이가 괜찮으면 안도의 한숨을 내쉰다. 그러나 나보다 뛰어난 실력자일 땐, 극과 극의 반응을 보인다. 이때 보이는 반응을 두 가지로 나누면 이렇다.

첫 번째는 경계하고 견제하는 반응이다. 이렇게 반응하는 사람을 구별하는 방법이 있다. 필수 정보를 공유하지 않고 숨기거나 독점한다는 것이다. 이러면 신입은 꼭 알아야 할 정보를 알지 못해서 난처한 상황에 놓이게 된다. 게다가 물어봐도 친절하게 대답해 주지 않는다. 어물쩍 넘어가거나 애매한 대답으로 곤란하게 만

태도, 믿음을 말하다

든다. 이런 반응은 본인이 아무리 부인해도, "나는 지금 당신을 경계하고 있습니다"라는 인상을 준다.

두 번째는 '리스펙'(존중) 하는 반응이다. 이렇게 반응하는 사람은 먼저 다가가 거리낌 없이 인사를 건넨다. 필요하다 싶은 정보가 있으면 공유하는 것도 마다하지 않는다. 또한 자신이 신입 때 겪은 시행착오를 생각해서 조언을 아끼지 않는다. 이런 반응은 "나는 당신을 환영하고 있습니다"라는 인상을 준다.

시간이 지나면, 처음에는 경계하고 견제하던 사람들도 점차 마음이 누그러진다. 그러나 그중에는 여전히 경계를 풀지 않고, 심할 정도로 과하게 견제하는 사람도 있다. 어디를 가나 이런 사람들이 가장 말썽이다. 나는 이런 사람들을 볼 때마다 사울 왕이 떠오른다.

사울은 골리앗을 이기고 돌아온 다윗이 백성에게 환영받는 모습을 보면서 적개심을 품는다. 모든 백성이 감격에 겨운 눈으로 다윗을 주목할 때, 사울은 살기 가득한 눈으로 다윗을 주목한다. 이때부터 사울의 비극이 시작된다. 나보다 잘난 사람을 보면, 그 꼴을 보지 못하고 제거하려는 사람들이 있다. '사울 증후군'에 걸린 사람들이다. 만약 사울이 다윗을 존중하고 인정했다면 어떻게 되었을까? 다윗이라는 최고의 신하와 든든한 사위까지 곁에 둔, 보기 드문 왕이 되었을지도 모른다. 그러면 제로섬 게임이 아니라

이스라엘을 위해 서로 윈-윈 할 수 있었을 것이다. 애석하게도 사울은 다윗을 경계하고 견제한 끝에, 제거하기로 마음먹는다.

리더 주변에 마지막까지 남는 사람은 어떤 사람일까? 상식적으로는 충성되고 신실한 사람이 남을 거로 생각하지만 꼭 그렇지도 않다. 괜찮은 사람은 시기와 질투에 눈먼 사람들 때문에 견디지 못하고 떠날 때가 많다. 괜히 간신들이 끝까지 리더 최측근으로 군림하는 게 아니다.

우리는 나보다 뛰어난 동료를 보면 양가감정이 생긴다. 부러운 마음과 불편한 마음 말이다. 불편한 마음에 시기하면 나만 시시한 사람이 되고, 질투하면 나만 구질구질한 사람이 된다. 나보다 뛰어난 사람을 깎아내린다고 해서, 내가 그만큼 더 뛰어난 사람이 되는 것은 아니다. 도리어 그 과정에서 나만 더 못난 사람이라는 게 들통나고 확인될 뿐이다. 이런 점에서 사울의 아들 요나단이 보인 태도는 우리에게 시사하는 게 많다.

요나단은 다윗의 도피를 돕다가 아버지 사울의 분노를 산다. "이 바보야, 다윗을 제거해야 너와 이 나라가 든든히 설 게 아니냐!"(삼상 20:31 참조) 하나님은 안중에도 없는 사고방식이 고스란히 드러

태도, 믿음을 말하다

나는 장면이다. 그러나 요나단은 다윗을 보면서 조금도 불편한 감정을 갖지 않는다. 좋은 사람이 좋은 사람을 알아본다고, 요나단은 다윗이 하나님을 경외하는 사람이라는 걸 알아보았다. 또한 하나님이 자기가 아닌 다윗을 왕으로 삼으셨다는 걸 받아들였다. 둘은 서로의 멍석을 빼앗는 데 혈안이 되지 않았다. 오히려 누가 먼저랄 것도 없이 서로 멍석을 깔아 주기에 힘썼다. 요나단이 다윗에게 도움을 준 과정은, 그가 얼마나 훌륭한 신앙인이었는지를 잘 보여 준다.

우리는 나보다 못한 사람이 들어오면 안심하고, 나보다 잘난 사람이 들어오면 걱정한다. 나보다 뛰어난 사람이 들어왔을 때 존중하고 인정하지 않으면, 동반 성장은커녕 아귀다툼만 벌어진다. 하나님은 서로가 서로에게 멍석을 깔아 주는 사람들을 통해, 오늘도 공동체를 든든히 세워 가신다.

> 나보다 뛰어난 사람을 깎아내린다고 해서,
> 내가 그만큼 더 뛰어난 사람이 되는 것은 아니다.
> 도리어 그 과정에서 나만 더 못난 사람이라는 게
> 들통나고 확인될 뿐이다.

7장

주어진 오늘을 음미하는 태도,
감사

은혜도
날로 먹으면
탈 난다

((눈치로는 예수님을 따를 수 없다))

매일 밥상에서 묵묵히 제 역할을 다하던 수저가 언제부터인가 '계급론'에 휩싸이면서 졸지에 부정적인 이미지를 얻게 되었다. 한때 숟가락은 영화배우 황정민 씨의 수상 소감 덕분에 감동의 아이콘으로 자리매김했었다. 황정민 씨는 남우주연상을 거머쥐었음에도 거들먹거리지 않았다. 스크린 속에서는 완벽한 연기를 펼친 그였지만, 수상 소감은 투박하기 짝이 없었다. 완벽함보다 투박함에서 그의 진심이 더 진하게 느껴진 건, 비단 나만은 아닌 듯하다.

그는 그 자리에 오르기까지 얼마나 눈물겨운 고생을 했는지 구구절절 늘어놓지 않았다. 대신, 보이지 않는 곳에서 고생한 스태프들에게 공을 돌렸다. 그는 수십 명의 스태프가 주인공 한 사람

태도, 믿음을 말하다

을 위해 밥상을 차려 놓았고, 자기는 그저 그 밥상에 숟가락을 얹어서 맛있게 먹었을 뿐이라고 말했다. 이 '밥상 숟가락'을 시작으로 천편일률적이던 수상 소감에 일대 변화가 일어났다. 아무도 알아주지 않는 사람의 수고를 누군가 알아줄 때 얼마나 고마운지 모른다! 많은 사람이 감동한 것도, 바로 이런 이유라고 생각한다.

남들보다 수고했다고 여기저기 셀프 칭찬을 하고 다니는 사람이 있다. 기껏 손발로 고생해 놓고 입으로 다 까먹는다는 점에서 안타까울 따름이다. 반대로 자기 공로를 함께한 동료들에게 돌리는 사람이 있는데, 이런 사람은 어디 가나 사랑받고 환영받는다.

밥상 숟가락이 나와서 말인데, 자격 없는 사람에게 한 식탁에서 먹을 수 있도록 배려해 주는 건 그야말로 은혜다. 다윗은 사울의 손자요, 요나단의 아들인 므비보셋을 제거하지 않고, 왕의 식탁에 숟가락을 얹도록 자비를 베푼다. 세상에서는 정권이 바뀌면 숙청과 유배가 시작된다. 그런데도 반역의 씨앗을 뿌리 뽑지 않고, 도리어 왕의 식탁에서 먹을 수 있도록 은혜를 베푼다. 죽이지 않으면 죽을 수도 있는데 말이다. 이런 말도 안 되는 파격적인 은혜를 성경은 '헤세드'라는 말로 표현한다. 변화는 말도 안 되는 은혜를 입었다고 느낄 때 일어난다. 우리 인간은 알 때보다 느낄 때 비로소 변한다. 머리에서 가슴으로 내려오는 것만이 변화의 연료가 되니까 말이다.

　주변에 보면 은혜를 입었다고 하지만, 어제도 오늘도 다 된 밥에 숟가락만 얹는 사람들이 있다. 하나님이 은혜를 베풀어 주신 이유 가운데는 "너도 이와 같이 하라!"는 정신이 담겨 있다. 은혜를 은혜 되게 하는 가장 좋은 방법은, 받아 누린 대로 누군가에게 그렇게 하는 것이다. 은혜에 무감각해지면 얼굴만 두꺼워진다. 다윗이 므비보셋에게 은혜를 베풀 수 있었던 이유도, 자신이 먼저 하나님께 은혜 입었다는 걸 알았기 때문이다. 아니, 온몸으로 느꼈기 때문이다. 그러나 그리스도인 가운데 슬쩍 숟가락만 얹으려는 태도가 몸에 밴 사람들이 적지 않다. 온갖 혜택은 다 받아 누리고 싶지만, 헌신이나 대가는 치르고 싶지 않은 것이다. 혜택만 누리고 헌신은 꺼리는 근성을 나는 '무리 근성'이라 부른다. 무리도 제자들처럼 예수님을 따랐지만, 어디까지나 혜택을 보기 위해서였다. 자기 부인이나 자기 십자가에는 관심이 없었다. 그들에게 예수님은 주식을 해결해 줄 때만 주님이었고, 예수님을 통해 덕을 봤을 때만 감사한 분이었다.

어디 가나 쉽게 만날 수 있는 세 가지 유형의 사람이 있다. '뛰는 놈', '나는 놈', 그리고 '묻어가는 놈.' "뛰는 놈 위에 나는 놈 있다"라는 말은 알겠는데, '묻어가는 놈'도 있다니 조금 생소할지 모르겠

　　　　　　　　　　　　태도, 믿음을 말하다

다. 실력 차이를 떠나, 뛰는 놈이나 나는 놈 모두 요령 피우지 않고 땀을 흘린다는 점에서 박수받을 만하다. 그런데 '묻어가는 놈'은 이 두 사람의 머리 꼭대기에 올라서, 힘 하나 들이지 않고 혜택만 보는 얄미운 사람이다. 다른 표현으로는 '날로 먹는 놈'이라 할 수 있다. 대체로 이런 사람은, 신앙은 초보에 머물러 있으면서 눈치는 백단이다. 그래서 어떻게 처신해야 인정받는지, 어떤 자리에 서야 칭찬받는지, 누구와 함께 있어야 혜택을 보는지 냄새를 기가 막히게 맡는다. 눈치로 온갖 혜택을 누릴지는 몰라도, 예수님을 신실하게 따를 수는 없다. 항상 유리한 쪽에 서서 힘 하나 들이지 않고 이익만 보는 사람의 내면이 건강할 리 없다. 단단할 리도 없다.

우리는 나 역시 자격 없는 자로서, 왕의 식탁에 숟가락을 얹는 은혜를 입었다는 걸 피부로 느껴야 한다. 그래야 날로 먹으려는 무리 근성을 뿌리치고, 받은 은혜에 감사하면서 예수님을 끝까지 따를 수 있다. 황정민 씨처럼 고생했음에도 뻐기지 않고 겸손한 태도를 유지할 수 있다. 은혜도 날로 먹으면 탈 난다. "너도 이와 같이 하라!" 은혜를 은혜 되게 하는 말씀이다.

하나님이 은혜를 베풀어 주신 이유 가운데는
"너도 이와 같이 하라!"는 정신이 담겨 있다.

정말
그때가 더
좋았을까?

((늘 과거를 그리워하며 살고 있다면))

아무리 힘들고 고통스러웠던 순간도 시간이 지난 후에 돌아보면, 나름 괜찮거나 좋은 추억으로 기억되곤 한다. 이럴 땐 정말 "시간이 약"이라는 거짓말 같은 말이 더러는 맞을 때도 있다는 생각이 든다.

나는 이런 말도 안 되는 일을, 매일 조금씩 경험하고 있다. 핸드폰과 구글 포토가 연동되어 있어서, 몇 년 전 이맘때 찍은 사진이라며 매일 알람이 뜨기 때문이다. 클릭해서 들어가 보니, 예상대로 세 아들을 육아하면서 함께 뒹굴던 사진이 대부분이었다. 1년, 2년, 3년, 5년 전 이맘때 찍은 아이들의 사진을 볼 때면, 매번 입꼬리가 저절로 올라간다. '이땐 정말 아기 같고 귀여웠구나!'

태도, 믿음을 말하다

사실 그땐 낮에는 사역으로, 밤에는 육아와 집안일로 파김치가 되는 날의 연속이었다. 언제 애들을 키우나 싶어서 한숨을 내쉰 적도 여러 날이었다. '오늘이 빨리 지났으면' 하는 바람으로 버티고 견딘 시간이었다. 그렇게 하루하루가 전쟁 같던 시절이었는데, 몇 년이 지나 돌아보니 아름다운 시절로 기억된다는 게 참 신기했다.

우리에게는 과거의 나쁜 기억은 빨리 잊어버리고 좋은 기억만 남기려는 경향이 있다. 이것을 "므두셀라 증후군"이라 부른다. "그때가 좋았어!", "아, 옛날이여!"라는 말을 입에 달고 사는 것도 이런 사례에 해당한다. 현재의 삶이 고되고 힘들수록, 지금의 삶에 불만이 클수록 과거를 더욱 그리워하게 마련이다. 그래야 지금 당장의 고통을 잊을 수 있기 때문이다.

지금 우리가 살아가는 세상은 과거에 비하면 훨씬 풍요로워졌다. 그렇다고 불평이 줄고 감사가 많아졌을까? 그럴 리가 없다. 불평이 더 많으면 많았지 줄지는 않은 것 같다. 오늘날 "헬조선", "이생망"(이번 생은 망했다), "N포 세대"라는 말이 유행어가 된 걸 보면 말이다. 한병철 교수님이 꼬집은 것처럼, 지금 우리 사회는 경쟁과 비교와 성과주의 등으로 피로가 날로 쌓이고 있다. 피로 사회는 피를 거꾸로 솟게 할 때가 많아서, 자꾸 과거를 그리워하게 만든다.

+++

그러나 뭐든지 정도가 있어야 괜찮은데, 과거를 자주 그리워하다 보면 현재를 그르치게 된다. 과거가 좋아 보일수록 현재는 잘못된 것처럼 보인다. 과거에 눈이 머물러 있으면, 지금 주변에 있는 것들이 얼마나 소중한지를 포착하지 못한다. 가족과 친구와 동료와 일상에 대해서 말이다. 후회는 어찌할 수 없는 과거를 어찌해 보려고 현재와 미래를 저당잡히는 일과 같다. 과거에 대한 그리움은 후회를 낳고, 후회는 불만을 낳고, 불만은 불평을 낳고, 불평은 결국 하나님을 향한 원망의 불씨가 된다.

출애굽한 이스라엘 백성도 광야를 지나면서 힘들었던 모양이다. 온갖 학대를 받고 부르짖던 애굽이 더 나았다고 한 걸 보면 말이다. 애굽을 그리워한 것이 무슨 대수일까 싶지만, 하나님은 그런 모습을 보시고 진노하셨다. 이스라엘 백성이 대놓고 말하진 않았다. 하지만 과거를 그리워하는 모습을 통해서 "하나님, 지금 우리 꼴이 뭡니까? 그러고도 하나님 맞으세요?"라고 따지고 있었기 때문이다.

애굽이라는 과거에 흠뻑 빠진 결과는 무엇이었을까? 매일 낮에는 구름 기둥, 밤에는 불기둥, 그리고 만나와 메추라기를 공급해 주시는 놀랍고 고마우신 하나님을 놓쳐 버렸다. 과거에 눈이

태도, 믿음을 말하다

멀자, 현재 함께하시는 하나님을 향해 눈뜨지 못한 것이다. 그렇다고 하나님이 과거는 전부 잊고 내일만 생각하면서 살라고 말씀하신 건 아니다. 과거에 하나님이 하신 일들을 잊지 말고 기억하라고 자주 말씀하셨다. 이것은 므두셀라 증후군을 부추기는 말씀이 아니다. 그때의 하나님이 지금의 하나님이 되시기 때문에 비록 현실은 녹록지 않더라도 포기하지 말라는 당부다. '그때의 하나님'이 '지금의 하나님'이기 때문에, 오늘에 감사하면서 살라는 것이다.

✛✛✛

우디 앨런 감독이 만든 <미드나잇 인 파리>라는 영화가 있다. 이 영화는 주인공이 어느 날 갑자기 '아름다운 시절'로 불리던 벨 에포크 시대로 시간 여행을 떠나는 이야기다. 주인공은 과거로 시간 여행을 떠나면서 평소 책이나 소설에서나 보던 위대한 예술가들을 만난다. 피카소, 헤밍웨이, 피츠제럴드, 살바도르 달리, 툴루즈 로트레크…… 그런데 미래에서 온 주인공만 그들이 훗날 위대한 거장으로 역사에 남은 걸 알 뿐, 정작 그들은 그걸 모르고 있었다. 재미있는 건, 위대한 거장들도 과거의 위대한 거장들을 부러워하면서 '아름다운 시대, 황금시대'라 불리던 벨 에포크 시대를 살고 있었다는 것이다. 과거에서 현재로 돌아온 주인공은 진짜 중요한 것이 무엇인지, 무엇을 놓치고 살았는지에 비로소 눈뜨게 된다.

이 영화가 전하려는 메시지는 "이 바보야, 그때가 황금시대가 아니라 지금이 바로 황금시대야!"가 아니었을까 싶다.

"나는 오늘도 전성기야. 인생의 전성기란 네가 숨 쉬고 있는 그 순간이 전성기야. 네가 살아 있는 게 전성기야. 작품 많이 찍고 광고 많이 하는 게 아니라 무덤에 들어갈 때까지가 전성기야."

배우 금보라 씨가 후배에게 한 말이다. 그렇다. 황금시대나 전성기가 따로 있는 게 아니다. '현재를, 오늘을, 지금을' 소중하게, 그리고 감사하게 여기는 날들이 벨 에포크 시대다.

과거에 대한 그리움은 후회를 낳고,
후회는 불만을 낳고,
불만은 불평을 낳고,
불평은 결국 하나님을 향한
원망의 불씨가 된다.

태도, 믿음을 말하다

우리가
불행해지는
이유

((갖지 못한 한 가지가 주는 고통))

하나님은 아담과 하와에게 에덴동산의 각종 나무의 열매를 마음대로 먹으라고 하셨다. 하나님의 것이 곧 그들의 것이었다. 그런데 딱 하나 선악을 알게 하는 나무의 열매는 먹지 말라고, 그러면 "반드시 죽는다!"라고 신신당부하셨다. 이 부부가 유혹에 넘어간 건, 궁핍해서가 아니었다. 풍요로워도 너무 풍요로웠다. 그러나 '갖지 못한 한 가지'에 대한 호기심과 미련이 큰 유혹으로 작용한 모양이다. 그때와 지금 사이에는 어마어마한 시간차가 있지만, '갖지 못한 한 가지'가 유발하는 고통과 그에 따른 유혹은 현재도 진행 중이다.

온갖 광고를 보면 한 가지 메시지로 귀결된다. '이것만 가지면,

이것만 사면' 더할 나위 없이 행복한 삶을 살 거라는 메시지 말이다. 메시지보다는 최면에 가까울 정도다. 전에 홈쇼핑의 꾐에 곧잘 넘어간다는 분의 이야기를 들었다. 처음에는 전혀 살 마음이 없었다고 한다. 그런데 쇼호스트의 능수능란한 입담과 논리와 확신에 찬 어조에 푹 빠지고 나면, 이미 주문이 끝나 있더란다.

광고는 현재 우리에게 있는 것을 강조하지 않는다. 지금 가지고 있는 것들이 얼마나 소중한지 일깨워 주지도 않는다(그랬다간 상품을 팔 수 없으니 당연하다). 다만 "지금 불행한 건 남들 다 있는 게 없어서 그런 겁니다! 이것만 가지면 남들처럼 행복해질 수 있습니다!"라는 사실만 여러 각도로 강조할 뿐이다. 99개로 인한 고마움보다 1개로 인한 고통이 더 큰 것처럼 자극할 뿐이다.

"좋아하는 것을 가지는 삶에서, 가진 것을 좋아하는 삶으로."

박웅현 작가의 「문장과 순간」(인티N 펴냄)을 읽다가 주운 문장이다. 재미있는 사실은 이 말을 유명 광고 카피라이터가 했다는 것이다. 누구보다 소비자의 심리를 잘 알기 때문에 할 수 있는 말이 아닌가 싶다. 관점을 조금만 달리하면 불평도 감사가 되고, 원망도 찬양이 되는 일이 많다. 그런데도 이미 있는 것에 고마움을 느끼지 못하면, 날마다 무언가를 사들여도 성에 차지 않는다. 싫증도 금방 난다.

태도, 믿음을 말하다

믿음은 추진력이나 돌파력에만 국한되지 않는다. 우리는 믿음을 지나치게 전투적인 개념으로 치우쳐서 사고하는 습관이 있다. 영적 전쟁 가운데 살아간다는 점에서 틀린 말은 아니다. 그러나 치열함만 강조하다 보면, 음미력과 감사력이 현저하게 떨어질 수밖에 없다. '음미력'은 평소 당연하게 여기던 것들을 소중하게 여길 줄 아는 능력이다. '감사력'은 말 그대로 크고 작은 일에 있어서 고마움을 감지해서 표현할 줄 아는 능력이다. 여기저기 믿음의 전투력이 높은 사람은 많다. 그런데 음미력과 감사력이 높아서 일상을 풍요롭게 가꾸는 사람은 적다.

+++

이미 있는 것에 감사할 줄 모르면, 주신 것에도 감사할 줄 모른다. 예수님은 작은 것에도 감사할 줄 아셨다. 남자만 오천 명을 먹여야 하는 상황에서 '떡 다섯 개와 물고기 두 마리'는 적어도 너무 적었다. 여기서 특이한 점은 예수님이 하늘을 우러러 '감사 기도(축사)'를 드린 시점이다. 기적을 행한 이후가 아니라, 보잘것없는 도시락을 앞에 두고 감사 기도를 하신 것이다. 나 같았으면, 오병이어의 기적을 행한 이후에 그 결과로 감사를 드렸을 것이다. 우리가 드리는 감사 기도도 대부분 응답받은 이후에 몰려 있지 않던가! 그런데 예수님은 '이미 있는 것', 그것도 '사소한 것'으로 감사 기도를 드리셨다.

감사는 오매불망 원하던 소원을 이루었을 때만 할 수 있는 것이 아니다. 지금 눈앞에 있는 것이 얼마나 소중한지 새롭게 눈뜰 때도 할 수 있다. 아쉬운 '일부'에 눈이 멀면, 이미 주신 '전부'에도 눈이 먼다.

이미 있는 것에 감사할 줄 모르면,
주신 것에도 감사할 줄 모른다.

거머쥔 게
아니라
거저 받은 거야

((잊지 않고 오래오래 기억하는 방법))

기억은 절대 공평하지 않다. 멀리 갈 것도 없이, 우리 집 세 아들만 봐도 그렇다. 치킨이나 피자를 사 주겠다는 약속은 잊는 법이 없다. 숙제나 뒷정리 같은 약속은 "언제 우리가 그랬어요?"라고 반응하면서 말이다.

학창 시절, 간혹 선생님이 "지난번에 몇 번까지 청소했지?"라고 물어볼 때가 있었다. 다들 긴가민가할 때, 정확한 기억력으로 교통 정리하는 누군가가 있었으니, 바로 마지막으로 청소한 사람이다. 이런 현상은 당직을 설 때도 마찬가지다. 모두 가물가물해서 이러쿵저러쿵할 때, 또렷한 기억력으로 상황을 마무리하는 누군가가 있다. 바로 마지막으로 당직을 선 사람이다. 여럿이 모여

태도, 믿음을 말하다

식사하거나 차를 마실 때도 그렇다. 지난번에 누가 샀는지 정확하게 기억하는 사람은 주로 '마지막으로 산 사람'이다. 이들 모두 '언제, 어디에서, 무엇을, 어떻게' 했는지 매우 구체적으로 기억하고 있다. 이런 기억력은 돈과 관련해서도 똑같이 적용된다. 돈을 빌린 사람의 기억은 가물가물한데, 돈을 빌려준 사람의 기억은 선명하기 때문이다. 그래서 벤저민 프랭클린도 "돈을 빌려준 사람은 돈을 빌린 사람보다 훨씬 기억력이 좋다"라고 말한 것이다. 돈을 빌려준 사람의 기억은 돈을 받기까지 사라지지 않는다!

+ + +

왜 이런 현상이 나타나는 걸까? 누군가의 말처럼, 우리는 불의는 그렇게 잘 참으면서 불이익은 조금도 못 참는 존재다. 내가 무엇을 했거나 준 기억은 항상 또렷하게 저장된다. 반면 받았거나 누린 기억은 항상 흐릿하게 저장된다. 기억력은 유불리에 따라 그때그때 탄력적으로 복구된다.

"하나님이 언제 우리와 함께하셨습니까? 언제 우리를 돌봐 주셨습니까? 언제 우리에게 은혜 베풀어 주셨습니까?" 이스라엘 백성이 어려움을 겪을 때마다 늘어놓은 푸념이다. 그들은 불리한 상황에 놓일 때마다 "하나님이 어떻게 우리를 사랑하셨습니까?"(말 1:2 참조)라며 따졌다. 철없는 자식이 부모에게 대들 때 하는 말과 비슷하다. "부모님이 제게 해 주신 게 도대체 뭐가 있습니까?" 신앙에도 철들지 않으면, "하나님이 우리에게 해 주신 게 도대체 뭐가 있습니까?"라고 삿대질하기 쉽다. 이런 태도에는 그동안 잘 먹고 잘산 이유가 하나님이 아니라 '내 덕분'이었다는 생각이 자리하고 있다. 내게 잘해 주지 않는 하나님이라면 다른 신을 찾아 나서겠다는 협박이기도 하다.

우리는 하나님께 맡겨 놓기라도 한 것처럼 요구한다. 은혜도 은혜를 은혜로 아는 사람에게나 은혜가 된다. 이런 사람이 은혜를 누려도 더 풍성하게 누린다. 은혜를 모르는 사람에게는 은혜도 한낱 불평의 빌미가 될 뿐이다. 많이 주면 많이 감사하고, 적게 주면 적게 감사하는 게 맞다. 이게 상식이다. 하지만 많이 주었다고 다 감사하는 것도 아니고, 적게 주었다고 다 불평하는 것도 아니다. 고마운 줄 모르면, 많이 줘도 불평한다.

고린도 교회는 각종 은사가 차고 넘쳤다. 많아도 너무 많았다. 그들은 많이 맡은 자에게 많이 요구한다는 걸 몰랐다. 많이 받았으면, 하나님이 주신 선물인 줄 알고 고마워해야 한다. 그런데 엉뚱하게도 누가 더 대단한 은사를 가졌는가로 경쟁했다. 거저 받았다고 생각하면 자랑할 수 없다. 거머쥐었다고 생각하니까 자랑하고 경쟁하는 것이다. 받은 것임에도 받은 것이 아니라고 생각하면 뽐내게 된다. 거만해진다.

태도, 믿음을 말하다

은혜를 잊지 않고 오래오래 기억하는 방법이 있다. 받은 복을 자주 세어 보는 것이다. 받은 복을 세어 보면, '내가 얼마나 큰 복을 받았는가?'를 알 수 있다. "받은 복을 세어 보아라. 크신 복을 네가 알리라." 찬송가 429장 후렴구 가사다. 이 찬송을 부른 후에도 불평할 사람이 있을까? 돈만 정확하게 셀 게 아니다. 받은 복은 더 확실하게 세야 한다. 그럴 때 불평은 쏙 들어가고, 감사는 쑥 올라간다.

우리는 하나님께 맡겨 놓기라도 한 것처럼 요구한다.
은혜도 은혜를 은혜로 아는 사람에게나 은혜가 된다.

남의 떡이
더
커 보일 때

((뭐든 자주 반복하는 건 몸에 밴다))

어릴 적 재미있게 본 <스머프>라는 만화가 있다. 지금까지도 기억에 남는 스머프가 있는데, 바로 '투덜이 스머프'다. 투덜이 스머프는 어디를 가나 투덜거린다. 다른 사람 말이 채 끝나기도 전에 "난 안 해, 난 못해, 난 싫어!"라는 말을 내뱉는 건, 그의 전매특허다. 내용과 상관없이, 처음부터 투덜거리려고 작정한 것처럼 말이다. 재미있는 사실은 투덜이 스머프가 "난 안 해, 난 못해, 난 싫어!"라고 하면서도 결국에는 다 한다는 것이다.

이런 투덜이 스머프는 우리 주변에서도 흔히 만날 수 있다. 합력하여 선을 이루기 가장 힘든 사람은 능력이 부족한 사람이 아니다. 부정적인 마인드가 생각과 말에 깊이 밴 사람이다. 이런 사람

태도, 믿음을 말하다

은 무슨 일을 하든, 어디에 있든 "안 돼, 못해, 싫어!"라는 말로 분위기에 찬물을 끼얹는다. 사실 100퍼센트 내 마음에 꼭 맞는 일만 하면서 사는 사람은 없다. 만약 그런 일만 골라서 한다면, 성경 말씀에 순종하는 것도 불가능하다. 바울도 자신을 쳐서 복종하려고 애쓴 걸 보면, '그럼에도 불구하고' 감당해야 하는 일들이 있다. 아니, 훨씬 많다.

✢✢✢

"우리 집을 보면 아쉬운 것만 보이는데, 친구 집을 보면 부러운 것만 보인다. 내가 다니는 직장은 형편없는데, 친구가 다니는 직장은 꿈의 직장처럼 보인다. 내가 다니는 교회는 문제투성이인데, 친구가 다니는 교회는 항상 은혜로 충만한 것처럼 보인다." 자세한 내막을 모르면, 다 좋게 보인다. 그래서 멀리서 보면 부러운 것만 크게 보이고, 가까이서 보면 아쉬운 것만 크게 보이는 것이다. 왜 그럴까? 남의 떡이 더 커 보이기 때문이다. 이런 환상에서 벗어나지 않으면, 내가 있는 곳은 다 불만으로 가득할 수밖에 없다.

뭐든 자주 반복하는 건 몸에 밴다. 불평도 감사도 말이다. 그래서 불평이 몸에 밴 사람은 어디에 있든지 기어코 불평거리를 찾아내 불평한다. 하지만 평소 감사가 몸에 밴 사람은 어디에 있든지 기어코 감사 거리를 찾아내 감사한다.

+ + +

다니엘이 그런 사람이었다. 그는 도저히 감사할 수 없는 형편이었다. 원수들이 놓은 금령이라는 올무가 서서히, 그를 조여 오고 있었기 때문이다. 그런데도 그는 평소에 하던 대로 기도한다. 하나님께 기도하면 사자 밥이 된다는 사실을 '알면서도' 기도한 것이다. 그가 드리는 기도의 첫 포문을 여는 것은 불평이나 누구를 탓하는 것이 아닌 감사였다.

> "다니엘이 이 조서에 왕의 도장이 찍힌 것을 알고도 자기 집에 돌아가서는 윗방에 올라가 예루살렘으로 향한 창문을 열고 전에 하던 대로 하루 세 번씩 무릎을 꿇고 기도하며 그의 하나님께 감사하였더라"(단 6:10).

다니엘이 사자 밥이 될 처지에서도 감사 기도를 했다면, 그는 어디에 놓아도 감사할 줄 아는 사람임이 분명하다. 목숨이 경각에 달린 상황에서 원망이나 불평 대신 감사가 먼저 나오는 건 흔한 일도, 쉬운 일도 아니다. 일반적이거나 상식적인 일도 아니다. 이때의 감사는, 하나님을 향한 믿음과 신뢰가 아니고는 설명할 길이 없다.

태도, 믿음을 말하다

+ + +

감사는 하나님을 향한 신뢰를 보여 주는 시금석이다. 세상 사람들도 감사할 수 없는 형편에서 감사하는 우리를 볼 때, 우리와 함께 하시는 하나님을 보게 된다. 다리오 왕도 다니엘을 보면서, 그가 섬기던 '다니엘의 하나님'을 찬양했다. 하나님은 다니엘을 통해서 환경이나 여건을 떠나 믿음으로도 감사할 수 있다는 걸 보여 주셨다. 그러니 감사를 위한 괜찮은 조건을 구하기보다, 내게 감사할 만한 믿음이 있는지부터 돌아봐야 한다.

감사는 하나님을 향한 신뢰를 보여 주는 시금석이다.
세상 사람들도 감사할 수 없는 형편에서
감사하는 우리를 볼 때,
우리와 함께하시는 하나님을 보게 된다.

감사가
사람을
만든다

((감사는 최고의 인성 교육))

한 사람의 됨됨이나 인격을 가늠하는 잣대는 천차만별이다. 어떤 사람은 그가 가까이하는 친구나 책을 보라고 말하고, 또 어떤 사람은 그가 무엇에 돈과 시간을 사용하는지 보라고 말한다. 다 그럴듯한 기준이다. 여기에 더해 그가 평소 얼마나 감사할 줄 아는 사람인가를 살펴보는 것도 좋은 잣대가 된다. 감사한 마음을 잘 표현하는 사람치고, 인성이 나쁜 사람을 찾아보기 어렵기 때문이다. 인성이 뒷받침되지 않았는데, 고마움을 고마움으로 느낄 수 있고 또 그것을 감사로 표현할 수 있다? 경험상 그런 일은 없었다.

비즈니스 업계에서 빈번하게 사용하는 립서비스 감사가 있다. "고객님, 감사합니다. 사랑합니다!"라는 말인데, 이렇게 고객 응

태도, 믿음을 말하다

대 차원에서 하는 감사를 보면 대부분 형식적이고 추상적이다. 피상적인 관계에서 마음을 듬뿍 담아 말하면, 오히려 서로가 불편하다. 아무튼 마음에서 출발하지 않고 입에서 생성된 말일수록 추상적이다. 그렇지만 마음 깊은 곳에서부터 우러나오는 감사는 구체적이고 실제적이다. 진심이 담긴 감사는 귀보다 몸이 먼저 듣고 반응한다. 감사의 마음을 충분히 전달하고 싶다면 뭉뚱그려서 말하지 말고 구체적으로 표현해야 한다. 그래야 '왜 내 마음을 몰라줄까?'라고 오해하지 않을 수 있다.

✛✛✛

"은혜 많이 받았습니다!"라는 말은 목회자들이 설교를 마치고 나서 가장 많이 듣는 말이다. 이 말을 곧이곧대로 믿는 사람이 있을까? 말하는 사람도 듣는 사람도 안다. 으레 하는 인사말이라는 것을. 하지만 "요즘 이런 문제로 고민이 많았는데, 말씀을 통해서 해결의 실마리를 얻었습니다. 감사합니다!"라고 구체적으로 말한다면? 진짜 은혜받은 사람이라는 걸, 온몸이 먼저 알고 느낀다.

평소 마음을 터놓고 지내는 분에게 이런 말을 들었다.

"목사님, 살면서 감사를 가장 안 하는 사람들이 있더라고요."

"누군데요?"

"목사, 교사, 의사요!"

누가 이런 말을 퍼뜨렸을까 하는 생각에 억울했지만, 딱히 반

박할 수도 없었다. 이 말을 들으면서 왜 그럴까 하고 생각해 보았다. 이들에게는 직업을 떠나 한 가지 공통점이 있다. 사람들에게 '감사의 표현'으로 크고 작은 선물을 자주 받는다는 점이다. 우리는 어쩌다 한 번 선물을 받으면 고마운 줄 알고 감사한다. 그러나 받는 일에 익숙해지다 보면, 받는 걸 당연한 권리쯤으로 착각한다. 이런 사람에게 감사를 기대하면 돌아오는 건 실망밖에 없다.

종종 "표현은 못해도, 마음으로는 사랑하고 감사하고 있습니다"라고 말하는 사람들이 있다. 맞는 말 같지만, 정말 마음으로만 사랑하고 마음으로만 감사하는 일이 가능할까? 만약 그것이 가능하다면, 예수님도 하늘에서 마음으로만 십자가를 지셨을지도 모른다. 하지만 십자가는 하나님이 구체적으로 표현해 주시고 확증해 주신 사랑의 증표였다!

> "우리가 아직 죄인 되었을 때에 그리스도께서 우리를 위하여 죽으심으로 하나님께서 우리에 대한 자기의 사랑을 확증하셨느니라"
> (롬 5:8).

아무리 감사한 마음을 가지고 있더라도 표현하지 않으면, 하나님은 그 마음을 알아도 우리는 그 마음을 모른다. 사랑과 감기만 숨길 수 없는 것이 아니다. 정말 감사하면 그 마음도 숨길 수 없다. 그렇기에 표현하지 않은 사랑은 사랑이 아닐 수 있고, 표현하지 않은 감사도 감사가 아닐 수 있다. 우리는 감사할 줄 알고 그런 마음을 적절하게 표현할 수 있도록 배우고 익혀야 한다. 그것이야말로 최고의 인성 교육이다. 그렇기에 매너가 사람을 만드는 게 아니다. 감사가 사람을 만든다.

우리는 어쩌다 한 번 선물을 받으면
고마운 줄 알고 감사한다.
그러나 받는 일에 익숙해지다 보면,
받는 걸 당연한 권리쯤으로 착각한다.

별의별
감사

((작은 것에도 감사할 줄 안다면))

예수님을 구주로 믿고 섬기면 달랑 영혼만 구원받는 게 아니다. 그분은 우리의 지식까지도 구원하시며 새롭게 하시는 분이다(골 3:10 참조). 그래서 그리스도인이 되면 가치관과 세계관이 교정되고 수정되기 때문에, 전에 보지 못하던 것들을 새롭게 보는 눈이 열린다. 나와 세상을 바라보는 관점에 많은 변화가 일어나는 것이다. 그 가운데 하나가 평범한 것조차 '별의별' 것으로 다 감사하게 되는 일이다.

우리에게는 감사 제목을 무언가 대단하거나 근사해 보이는 것에서만 찾으려는 경향이 있다. 나 또한 전에는 감사 제목을 금광에서 노다지를 캐는 것으로 생각했다. 평생에 걸쳐 한 번 캘까 말까 한 것이 노다지다. 감사를 그렇게 생각했으니, 감사를 발견하지 못하고 허탕 치는 날이 더 많았던 건 어쩌면 당연했을지도 모른다. 그런 날은 감사 대신 불만이 가득했고, 점점 감사를 캘 엄두가 나지 않았다. 차츰 감사는 감사할 만한 사람들이나 하는 사치품이라는 생각까지 들었다.

+++

그러다 시행착오 끝에 '감사 한 바가지' 원리를 발견하게 되었다. 일종의 마중물 원리다. 비록 처음은 미약한 '감사 한 바가지'를 붓는 것으로 시작하지만, 나중에는 그 작은 '감사 한 바가지'가 다른 감사를 위로 끌어올리는 역할을 한다. 그렇기에 우리는 감사하되, 거창한 것 말고 일상에서 그냥 지나치던 소소한 것을 '감사 한 바가지'로 삼아야 한다. 반짝반짝 빛나는 노다지가 아니라 길가에 널려 있는 돌멩이처럼 별것 아닌 것으로 말이다. 어떤 사람에게는 별것 아닌 것도, 어떻게 바라보느냐에 따라 색다른 감사 제목이 될 수 있다. 이런 태도가 별것 아닌 것조차 '별의별 감사'가 되게 한다.

다윗은 별것 아닌 보통의 것으로 '별의별 감사'를 잘한 사람이다. 그가 하나님을 찬양하는 시편을 보면, 특별한 날들만 아니라 매일 반복되는 보통의 날들 속에서 감사한 것을 엿볼 수 있다. 시편 8편 3, 4절에 보면 이런 고백이 나온다.

태도, 믿음을 말하다

"주의 손가락으로 만드신 주의 하늘과 주께서 베풀어 두신 달과 별들을 내가 보오니 사람이 무엇이기에 주께서 그를 생각하시며 인자가 무엇이기에 주께서 그를 돌보시나이까."

다윗은 매일 펼쳐지는 하늘과 매일 뜨고 지는 달과 별들을 경이로운 눈으로 바라보았다. 남들은 당연하게 여기는 평범한 것들로 '별의별 감사'를 한 것이다. 특별한 것으로 특별하게 감사한 게 아니다. 보통의 것으로 특별하게 감사했다. 다윗이 본 그 하늘과 달과 별들이 오늘날 우리 머리 위에도 똑같이 뜨고 진다. 그러나 그런 것들로 감사 제목을 삼는 사람은 별로 없다.

작은 일에 충성하는 사람이 큰 일에도 충성한다고 했다. 마찬가지로 작은 것에 감사할 줄 아는 사람이 큰 것에도 감사할 수 있는 법이다. 별것 아닌 것으로 감사할 줄 알아야, 시시한 것으로도 '별의별' 감사를 할 수 있다.

보통의 평범한 것들에 고마움을 느낄 때, 잿빛 같은 하루에 화색이 돈다.

별거 아닌 '별의별' 것으로 감사하면,
그 감사가 우리를 따분하고 지루한 일상에서
구원해 준다.

감탄,
감동,
감사

((지루하고 따분한 일상에서 우리를 구원하는 일))

요한계시록에서 묘사하는 천국을 보면, 감탄 속에서 올려 드리는 찬양으로 가득하다. 여기에는 그럴만한 이유가 있다. 천국은 '우리가 무슨 상상을 할지라도 그 이상을 보게 될 곳'이기 때문이다! 이런 천국에 빨리 적응(?)하는 사람은 어떤 사람일까? 크고 작은 일에 감탄하고 감동하고 감사할 줄 아는 사람이 아닐까 싶다. 비록 광야 같은 세상을 살고 있지만, 그래서 탄식이 터져 나올 때도 많지만 말이다.

경쟁이 치열해지면서, 최고가 아니면 살아남기 어렵다는 생각이 우리를 더욱 좌절하게 만들고 벼랑 끝으로 몰고 가는 것 같다. 그래서 사람들은 오늘도 감당하지 못할 일을 시도하면서 탄식과

태도, 믿음을 말하다

깊은 한숨 속에 살아간다. 또한 다른 사람과 견주면서 스스로 불행하다는 생각에 빠져 살아간다. 우리 주변에는 탄식이 절로 나오는 사건 사고만 있지 않다. 그보다는 감탄할 만한 장면과 풍경이 더 많다. 그나마 다행인 건, 고개만 들어도 누구나 멋진 순간들을 포착할 수 있다는 사실이다.

┼┼┼

누구나 무언가로 인해 감탄한다. 부모는 새 생명의 탄생으로, 독자는 가슴 뛰는 문장으로, 여행가는 낯선 풍경으로 영혼의 떨림과 울림을 경험한다. 이 떨림과 울림이 우리로 감탄을 자아내게 한다. 살다 보면 예기치 않은 순간이 수없이 찾아온다. 신기하게도 이 순간들은 발생한 시간 순서에 따라 저장되지 않는다. 다만 그 순간이 얼마나 인상 깊었는가에 따라 더 진하게 혹은 더 흐리게 저장된다.

감탄이 터진 순간은 우리의 기억에 도끼가 찍히는 순간이다. 이때 무엇을 보았고, 무엇을 먹었고, 무엇을 들었는지가 뇌리에 깊숙이 박힌다. 그래서 감탄을 터뜨린 순간일수록, 그 장면은 시간에 풍화되지 않고 계속해서 또렷한 기억으로 남는다. 비단 감탄만 그런 것은 아니다. 감동하거나 감사한 순간도 다른 어떤 순간보다 더 또렷하게 더 생생하게 기억된다. 탈무드에도 이런 말이 나온다. "기억을 증진시키는 가장 좋은 방법은 감탄하게 하는 것이다."

조금 낭만적으로 들릴지도 모르겠지만, 나는 감탄과 감동과 감사를 이렇게 정의한다.

감탄은 마음이 지르는 즐거운 비명
감동은 마음을 적시는 뜨거운 눈물
감사는 마음이 표하는 고마운 인사

우리를 지루하게 하는 것들은 기억에서 금방 사라진다. 하지만 우리로 즐거운 비명을 지르게 하고, 뜨거운 눈물을 흘리게 만들고, 고마운 인사를 건네게 하는 것들은 오랫동안 살아남아서 여운을 남긴다(지루한 기억일수록 수명이 짧고 즐거운 기억일수록 수명이 길다!). 이 여운은 우리 삶에 파장을 만들어, 자칫 지루할 수 있는 일상에 생동감을 불어넣는다.

"우리가 재미를 발견하려고 노력한다면, 감탄하고 즐길 준비가 되어 있다면, 세상엔 즐거운 일투성이며 인생은 더욱 신나고 재미있어진다."

이 말은 먹고살 만한 사람이 한 말이 아니다. 마흔세 살의 나이에 파킨슨병을 판정받은 김혜남 정신과 의사가 「만일 내가 인생을 다시 산다면」(메이브 펴냄)에서 한 말이다. 남들보다 빠른 속도로 죽음이 다가오고 있지만, 그래도 감탄하면서 살겠단다. 일상을 소중히 여기는 모습에 숙연해진다.

감탄하고 감동하고 감사하는 일은 지루하고 따분한 일상에서 우리를 구원한다. 행복이라는 감정은 남보다 잘 산다는 느낌이 아니다. 그건 어디까지나 우월감일 뿐이다. 행복은 창조 세계 곳곳에 감추어 놓은 은혜를 보물찾기하듯 찾고 발견하는 과정에서 맛볼 수 있다. 특별히 그 여정에서 얼마나 감탄하고 감동하고 감사했느냐가, 행복의 크기와 농도를 좌우한다. 나는 행복이라는 감정에 감탄과 감동과 감사가 빠져 있을 거라고는 감히 상상할 수 없다! 그렇기에 행복은 감탄과 감동과 감사의 총합이라 해도 지나치지 않다.

행복은
창조 세계 곳곳에 감추어 놓은 은혜를
보물찾기하듯 찾고 발견하는 과정에서
맛볼 수 있다.

태도, 믿음을 말하다

초판 발행	2023년 10월 20일
초판 2쇄	2023년 11월 20일
지은이	조명신
발행인	손창남
발행처	(주)죠이북스(등록 2022. 12. 27. 제2022-000070호)
주소	02576 서울시 동대문구 왕산로19바길 33, 1층
전화	(02) 925-0451 (대표 전화)
	(02) 929-3655 (영업팀)
팩스	(02) 923-3016
인쇄소	송현 문화
판권소유	ⓒ(주)죠이북스
ISBN	979-11-984567-3-1 (03230)